DILEMAS NA GESTÃO

Corporativa

José Antonio Rodrigues

DILEMAS NA GESTÃO
Corporativa

QUALITYMARK

Copyright© 2003 by José Antonio Rodrigues

Todos os direitos desta edição reservados à Qualitymark Editora Ltda.
É proibida a duplicação ou reprodução deste volume, ou parte do mesmo,
sob qualquer meio, sem autorização expressa da Editora.

Direção Editorial
SAIDUL RAHMAN MAHOMED
editor@qualitymark.com.br

Produção Editorial
EQUIPE QUALITYMARK

Capa
WILSON COTRIM

Editoração Eletrônica
EDIARTE

CIP-Brasil. Catalogação-na-fonte
Sindicato Nacional dos Editores de Livros, RJ

R613d

Rodrigues, José Antonio

Dilemas na gestão corporativa / José Antonio Rodrigues. – Rio de Janeiro: Qualitymark Ed., 2003

112p.:

ISBN 85-7303-411-4

1. Administração de empresas – Estudo de casos. I. Título.

03-0498

CDD 658
CDU 65

2003
IMPRESSO NO BRASIL

Qualitymark Editora Ltda.
Rua Teixeira Júnior, 441
São Cristóvão
20921-400 – Rio de Janeiro – RJ
Tel.: (0XX21) 3860-8422

Fax: (0XX21) 3860-8424
www.qualitymark.com.br
E-Mail: quality@qualitymark.com.br
QualityPhone: 0800-263311

AGRADECIMENTO

Meu profundo agradecimento aos trabalhos de apoio de meus filhos Fabiana e Felipe, no preparo e sugestões para esta obra, assim como à minha esposa Sonia pelo incentivo e orientação para sua execução.

PREFÁCIO

Debates, discussões, dilemas são comuns no desenvolvimento corrente dos trabalhos, estudos e pesquisas envolvidos na gestão corporativa das empresas. Várias apreciações e sugestões diferenciadas emergem dos estudos e debates sobre os temas corporativos. Variada gama de argumentos costuma ser alvo de discussões freqüentemente sobre questões aparentemente simples nas diversas áreas de gestão empresarial.

Esta obra é fruto de um esforço meticuloso, não exaurindo a temática, de colecionar diversos temas relevantes onde se destacam tais dilemas corporativos. Cada assunto abordado é apresentado sob os diferentes ângulos de aproximação com as devidas avaliações procurando esclarecer e adicionar valor informativo para o leitor.

Com certeza o material exposto nesta obra representa um passo adicional à maior compreensão das dúvidas e controvérsias existentes na prática de gestão de empresas no país. A objetividade do tratamento dispensado aos dilemas corporativos destacados é marca registrada desta obra. A expectativa do autor reside na utilidade que esta metodologia de exposição pode agregar ao imenso campo de aprendizado da gestão de negócios.

INTRODUÇÃO 1

1. GOVERNANÇA CORPORATIVA 3

CONSELHEIROS "LARANJAS" E ACORDOS DE ACIONISTAS 5
GOVERNANÇA CORPORATIVA OU GOVERNANÇA SOCIETÁRIA 7
GESTÃO AUTÔNOMA E GESTÃO COMPARTILHADA 9
RECOMENDAÇÕES PARA BOAS GOVERNANÇA CORPORATIVA E GOVERNANÇA SOCIETÁRIA 11
FUNÇÕES E GESTÕES ESTRATÉGICAS E OPERACIONAIS 15
CONSELHO DE ADMINISTRAÇÃO OU DIRETORIA EXECUTIVA 17
ACIONISTAS MINORITÁRIOS x ACIONISTAS MAJORITÁRIOS 19
LIQUIDEZ E GERAÇÃO DE VALOR 23
AVANÇOS NA NOVA LEI DAS S.A. – AÇÕES ORDINÁRIAS E PREFERENCIAIS 25
AUDITORIA DE AUDITORAS 27

2. PLANEJAMENTO E ESTRATÉGIA 29

PLANEJAMENTO POR CENÁRIOS OU UPSO DE BOLA DE CRISTAL 31
ESTRATÉGICO OU OPERACIONAL 33
PROJETO DE PRÉ-VIABILIDADE OU DE VIABILIDADE 35
EFICIÊNCIA OU EFICÁCIA 37
OPÇÕES REAIS NOS PROJETOS DE INVESTIMENTO 39

3. GESTÃO DE PESSOAL 41

DIMINUIÇÃO DE PESSOAL OU REDUÇÃO DE OUTROS CUSTOS 43
INFORMAÇÃO E INTELIGÊNCIA INTERPESSOAL 45
EMPREGO E EMPREGABILIDADE 47
CHEFES E LÍDERES 49
FLEXIBILIZAÇÃO DOS DIREITOS TRABALHISTAS 51
RIGIDEZ OU FLEXIBILIDADE NA LEGISLAÇÃO TRABALHISTA 53

4. CADEIAS DE AGREGAÇÃO DE VALOR 55
CIÊNCIA COMPORTAMENTAL E CRM (*CONSUMER RELATIONSHIP MANAGEMENT*) 57
PRODUTOS PRIMÁRIOS OU DE ALTA TECNOLOGIA 61
QUALIDADE E QUALIDADE TOTAL 63
MARKETING E PROPAGANDA 67
LINHA DE PRODUTOS E *MIX* DE PRODUTOS 69
PROPAGANDA E PROMOÇÃO DE VENDAS 71
RELAÇÕES PÚBLICAS E COMUNICAÇÃO SOCIAL 73
VELHA E NOVA ECONOMIA – CARACTERÍSTICAS DAS "VELHAS"
E "NOVAS" EMPRESAS 75
VELHO E NOVO CONSUMIDOR 77
COMUNICAÇÃO SOCIAL – INSTRUMENTO OPERACIONAL
E ESTRATÉGICO 79
QUEM GERA VALOR: O CLIENTE, O CAPITAL OU O TRABALHO? 81
TERCEIRIZAR OU PRODUZIR INTERNAMENTE? 83

5. INOVAÇÃO 85
CRIATIVIDADE OU INOVAÇÃO 87
ORGANIZAÇÃO CRIATIVA E ORGANIZAÇÃO INOVADORA
– GESTÃO DA INOVAÇÃO 89

6. BALANÇO SOCIAL E RESPONSABILIDADE SOCIAL 91
BALANÇO SOCIAL OU BALANÇO FINANCEIRO 93
RESPONSABILIDADES ECONÔMICA E SOCIAL NAS EMPRESAS 95

INTRODUÇÃO

Esta obra é resultado de um conjunto de pesquisas e estudos baseados em indagações próprias de leitores ou estudiosos de temas de gestão corporativa, especialmente vinculados com assuntos controversos e divergências de opiniões e de avaliações que ocorrem no mercado, em entrevistas, discussões e publicações sobre gestão de negócios.

Os depoimentos, os casos, os debates, as imprecisões de conceitos, as argumentações polêmicas são alvos deste trabalho. Cabe esclarecer que não é intenção do livro criticar pessoas ou organizações. A finalidade central das exposições é somente fixar os dilemas e os debates das questões selecionadas em diversos segmentos da gestão empresarial moderna. O que se pretende é, essencialmente, a organização de argumentos e conclusões que sirvam para esclarecer as posições dos lados em oposição nos casos relatados.

A opinião do autor também é considerada em alguns temas, na medida de sua oportunidade em adicionar argumentos e informações na esfera dos vários segmentos da administração das empresas.

A coleção de temas é distribuída em seis áreas: da Governança Corporativa, Planejamento e Estratégia, Gestão de Pessoal, Cadeias de Formação de Valor (incluindo Marketing, Comunicação, CRM e Qualidade Total), Gestão da Inovação, Balanço Social e Responsabilidade Social.

Nesses segmentos, procura-se focar os dilemas e as dualidades que se encontram dentro do âmbito de gestão corporativa. A expectativa do autor é ter formado um acervo relevante de argumentações a respeito dos conceitos e das práticas de negócios, esclarecendo os principais pontos das divergências e dos dilemas envolvidos, em um quadro atualizado de avaliações pertinentes.

Não se pretende elaborar um conjunto exaustivo de questões duais em temas relevantes da gestão corporativa. Entretanto, os exemplos reunidos já formam um instrumento importante para agregação de valor aos estudiosos e executivos no campo da gestão empresarial.

GOVERNANÇA CORPORATIVA

CONSELHEIROS "LARANJAS" E ACORDOS DE ACIONISTAS

Tema

O jornal O Estado de S. Paulo, de 30/9/2001, publicou artigo do ex-presidente do Banco Central, Gustavo Franco, com o título "A nova Lei das S.A. e o Conselheiro Laranja". Esse artigo trata do tema atual da Governança Corporativa, tão necessário ao desenvolvimento do mercado de capitais brasileiro. O conteúdo do trabalho de Gustavo Franco procura indicar que velhos paradigmas ainda regem muitas empresas nacionais com a ilustração da questão dos conselheiros laranjas, cuja essência legal está embutida na nova Lei das S.A. promulgada. Segundo o ex-presidente do Banco Central, a antiga Lei das S.A. já apresentava princípios de que os membros do Conselho de Administração de uma companhia devem zelar pelos interesses de todos os acionistas. Agora, a nova lei introduz dispositivo que vai enfraquecer a independência dos Conselheiros, diminuindo assim a qualidade da Governança Corporativa. O ponto levantado é o artigo 118, em seus parágrafos 8 e 9, que, segundo Gustavo Franco, cria a figura do "Conselheiro Laranja", pois o conteúdo do voto de Conselheiro não poderá contrariar os termos dos acordos estabelecidos entre os acionistas. Mas qualquer conselheiro deve votar conforme sua consciência visando os interesses de todos os acionistas e não apenas daquele acionista que o indicou. Caso contrário, o conselheiro terá o papel de "agente laranja" dos acionistas.

Comentário

No domingo seguinte, dia 7 de outubro de 2001, O Estado de S. Paulo publicou o artigo de Paulo Cezar Aragão, advogado, com o título "Conselheiros e Acordos de Acionistas", no qual são rebatidas enfaticamente as idéias de Gustavo Franco, expostas no citado artigo anterior, especialmente com relação à caracterização do "Conselheiro Laranja". O trabalho de Paulo Cezar Aragão defende o novo dispositivo da Lei das S.A. de vinculação dos conselheiros aos acordos de voto definidos pelos acionistas. Cumprir contratos é a melhor maneira de administrar qualquer negócio. Sendo os acordos de acionistas realizados com visibilidade, com publicidade, os investidores têm pleno conhecimento dos compromissos públicos que terão de ser obedecidos pelos prepostos dos acionistas, localizados no Conselho de Administração. Dessa forma, eleito o Conselheiro, é válido e justo o seu compromisso com o acionista que o indicou.

Observação Final

Muita polêmica ainda vai existir para se equacionar a questão: deve ou não um conselheiro votar nos temas e projetos estratégicos em benefício da empresa caso exista uma restrição legal a sua atuação, estabelecida por Acordo de Acionistas existente. É o confronto do interesse de grupos de acionistas *versus* interesse da empresa, de todos os acionistas. Como resolvê-lo? Está aberto o debate.

GOVERNANÇA CORPORATIVA OU GOVERNANÇA SOCIETÁRIA

Tema

A Governança Corporativa abrange o conjunto de ações e procedimentos que a Alta Administração de uma corporação imprime para que ela seja adequadamente governada, atendendo os objetivos dos acionistas da organização. De forma geral os acionistas desejam elevar o valor de suas ações, conseqüentemente precisam escolher os administradores talhados para definir e implementar os rumos de longo prazo (os membros do Conselho de Administração) e aqueles destinados a implementar as políticas executivas e atingir as metas de curto prazo no dia-a-dia operacional dos negócios (a Diretoria Executiva). Enquanto o Conselho de Administração procura estabelecer os rumos estratégicos e os projetos adequados para atingir tais objetivos, resultantes na valorização dos negócios, a Diretoria Executiva, nomeada pelo Conselho de Administração, tem a finalidade de tocar as funções operacionais, aquelas que controlam o dia-a-dia da empresa, mantendo os níveis de valor associado aos negócios.

A Governança Corporativa deve ser administrada, portanto, através de bom inter-relacionamento entre os acionistas, os Conselheiros e os Diretores bem como entre os Auditores Externos e o Conselho Fiscal (se existente) designados pelo Conselho de Administração.

A Governança Corporativa muitas vezes é confundida com o trabalho de Governança Societária, pela qual devem se ajustar os acionistas majoritários e minoritários para que seja implementado um sistema de Governança Corporativa adequado.

Comentário

A Governança Societária refere-se ao relacionamento entre os acionistas, que precisam eleger nas Assembléias Gerais da empresa os Conselheiros, representantes maiores para exercer de forma eficiente a Governança Corporativa, dentro dos dispositivos legais estabelecidos. É através de acordos de acionistas, também regulados em lei, que os acionistas devem fixar o *modus operandi*, as maneiras e as regras de definição do número de conselheiros que cada grupo de acionistas poderá eleger para formação do Conselho de Administração. Modernamente, nos EUA, os acionistas estão contratando Auditores de Conselho, para monitorar e avaliar as performances dos trabalhos do Conselho de Administração da corporação.

É quase certo que uma boa Governança Societária, com atitudes cidadãs de todos os acionistas, com os majoritários integrados aos minoritários, respeitando os posicionamentos dos minoritários, sendo também verdadeiras as recíprocas, facilita enormemente as bases e as condições para uma boa e efetiva Governança Corporativa, que deve visar o aumento de valor do negócio, de interesse de todos os acionistas. Por outro lado, desacertos e brigas entre os acionistas, com dissensões e lutas judiciais decorrentes, provocam estruturações inadequadas que se refletem nos estudos e nas decisões que os Conselheiros devem empreender. Discussões como as que estão se originando na nova Lei das S.A., em que Conselheiro eleito por determinado grupo de acionistas deve obedecer estritamente às obrigações estabelecidas por seu grupo de acionistas no Acordo Geral de Acionistas, mesmo que, eventualmente, tal dispositivo não esteja adequado à melhor decisão que deverá ser tomada no Conselho de Administração. Em suma, está em pauta o debate: o Conselheiro eleito por determinado grupo de acionistas deve obediência a esse grupo conforme o Acordo de Acionistas, ou deve trabalhar em prol de todos os acionistas, isto é, em favor da empresa, fazendo o melhor para a valorização do negócio mesmo se tiver de descumprir o que é ditado no referido Acordo? É uma discussão interessante e, agora, tem referência legal para ser interpretada.

GESTÃO AUTÔNOMA E GESTÃO COMPARTILHADA

Tema

As empresas que se modernizam e ganham mais vantagens competitivas e mais valor estão se caracterizando por apresentar um tipo de gestão compartilhada em que, nos vários níveis hierárquicos de seu organograma funcional, verificam-se integrações dos funcionários em trabalhos executados por grupos que estudam, avaliam e decidem de forma agregada. Em contraposição a esse tipo de gerenciamento situa-se a sistemática antiga da gestão autônoma, ainda encontrável em muitas organizações, em que há uma concentração de poderes e de decisões em torno de um pequeno número de executivos, centralizados no principal diretor da empresa. A gestão solitária, com toques ditatoriais, está perdendo a vez na atual era de globalização, da Internet, das mutações em alta velocidade, dos consumidores cada vez mais esclarecidos e cientes de seus direitos. Alguns defensores do autoritarismo na gestão isolada indicam ainda esse Sistema como próprio para tirar proveito dessa força emanada da concentração e da pouca dispersão de informações, de modo a surpreender a concorrência e obter resultados mais favoráveis.

Comentário

Assim como existe uma fundamental diferença entre chefia e liderança, o sistema de gestão autônoma é o oposto da gestão compartilhada nas suas bases e em seus resultados. Chefe é o executivo que dá ordens, comanda, impõe sua alta posição hierárquica e tenta conseguir atingir os objetivos colocando argumentos de força para persuadir o pessoal a realizar as tarefas alocadas. Líder, por outro lado, é aquele dirigente, gerente ou mero funcionário que convence, esclarece, dá exemplo, compartilha, induz, ensina, motiva seus subordinados ou membros de equipe que coordena para atingir os objetivos fixados. Nos sistemas de gestão, o gerenciamento autônomo é promovido por chefes enquanto a gestão compartilhada é coordenada por líderes. Na gestão compartilhada se destaca a integração dos diversos agentes no exame e na avaliação das performances dos negócios e nas decisões estratégicas para definir soluções e projetos que valorizem permanentemente os negócios.

Na gestão superior da empresa, na área da Governança Corporativa, as empresas necessitam de estruturas de gerenciamento compartilhado entre acionistas majoritários e minoritários, conselheiros e diretores, de forma a ser alcançado o maior valor das ações da organização.

Em nível operacional, nas diversas unidades de negócio, também é requerida a metodologia de gestão compartilhada, através de equipes de trabalho multidisciplinares e multidepartamentais, círculos de qualidade, aprendizado permanente e integração adequada com a gestão superior da empresa.

A gestão compartilhada, em todos os níveis dos negócios, é a metodologia moderna para a empresa procurar o seu diferencial competitivo e o crescimento sustentado em mercados altamente competitivos.

RECOMENDAÇÕES PARA BOAS GOVERNANÇA CORPORATIVA E GOVERNANÇA SOCIETÁRIA

Tema

Governança Corporativa é o sistema que estabelece a maneira de inter-relacionar acionistas, conselho de administração, auditorias externas e diretoria executiva para que o gerenciamento geral da empresa objetive a elevação permanente de seu valor.

Estabelecer Sistemas eficientes de Governança Corporativa deve ser prioridade para qualquer empresa que desejar competir globalmente. Para atingir essa eficiência o Conselho de Administração deve ser o órgão responsável por delinear estratégias, monitorar os resultados, definir o orçamento de capital e a estrutura de financiamento, em suma, gerir o processo de geração e alavancagem de valor da empresa.

A Governança Corporativa vem se desenvolvendo com progressivo aumento de importância, à medida que os fundos de pensão e os fundos de investimentos vêm adquirindo cada vez maior participação nas empresas, pela aplicação de seus crescentes portfólios em ações e necessitando que essas empresas aumentem seus valores para que as cotas dos fundos transmitam essa valorização para seus cotistas. A dispersão do capital está exigindo direcionamento estratégico das empresas a ser exercido por um *board* transparente e independente, em nome dos acionistas.

Ao lado dessa questão funciona a Governança Societária, que não deve ser confundida com Governança Corporativa. A Governança Societária abrange as interações e atividades promovidas pelos acionistas da empresa, de acordo com os seus posicionamentos no Capital Social, em escala majoritária ou minoritária e conforme as negociações e acordos formais estabelecidos entre os acionistas com vistas à definição da Governança Corporativa e votações formais na Assembléia dos Acionistas.

Comentário

No exercício da Governança Corporativa, os conselheiros são os prepostos dos acionistas e têm a missão estratégica de encontrar oportunidades e projetos que gerem maior valor para a empresa. Os conselheiros elegem a diretoria para que esta se dedique ao dia-a-dia operacional, cumprindo as metas estabelecidas para as diversas performances.

A Governança Corporativa deve atender basicamente aos interesses dos acionistas, em compatibilização com os interesses dos empregados, clientes, fornecedores, credores e da comunidade em que opera a empresa. Sua operação envolve os grupos de poder vinculados à condução dos negócios, supervisiona e monitora o desempenho dos executivos, garantindo sua capacidade de prestar contas de seus atos aos acionistas e outros agentes interessados na empresa.

A função maior da Governança Corporativa, em síntese, é procurar aumentar o valor da empresa, através do desempenho de funções e ações estratégicas.

Conforme pesquisa do Instituto Brasileiro de Governança Corporativa, de acordo com reportagem da Gazeta Mercantil de 9/11/2001, a prática de boa Governança Corporativa vem crescendo no país, inclusive nas empresas de menor porte que estão recorrendo a estruturas organizacionais contendo conselhos de administração, cujo papel é reconhecido como importante instrumento de gestão empresarial. Além disso, as empresas familiares estão se profissionalizando com maior intensidade e se dirigindo aos melhores níveis de Governança Corporativa para aumentar seu valor. No Brasil, é a iniciativa dos empresários que está impulsionando a Governança Corporativa no rumo do fortalecimento do próprio negócio.

A Governança Societária não deve ser confundida com a Governança Corporativa. A primeira reúne as regras de interações entre os acionistas da empresa, harmonizando-as em negociações e acordos que tendam a resultar numa boa estrutura de Governança Corporativa. Os acionistas se reúnem em Assembléia, definindo o *modus vivendi* da Governança Corporativa. Antes desse evento muitos fatos, problemas, ajustes, interações devem ocorrer de forma que a decisão dos acionistas seja a melhor possível para que a Governança Corporativa definida cumpra a função e a meta desejadas por todos os acionistas: o aumento do valor da empresa. As maneiras de inter-relacionamento entre os acionistas majoritários e minoritários, as definições dos respectivos representantes no Conselho de Administração e no Conselho Fiscal das empresas, os métodos de decidir os impasses: os ajustes, as arbitragens, o tratamento igualitário entre os acionistas para o bem da sociedade, os direitos e deveres estabelecidos nos acordos entre os acionistas, a transparência e as boas práticas de governança são elementos constantes da pauta de atuação da Governança Corporativa. É clara a visão de que uma boa Governança Societária conduz a uma boa Governança Corporativa, cujo resultado é a valorização da empresa, que interessa a todos os *stakeholders* (parceiros) que visam o crescimento da organização.

FUNÇÕES E GESTÕES ESTRATÉGICAS E OPERACIONAIS

Tema

Um conhecimento fundamentalmente importante que acionistas/sócios e gestores de uma organização precisam ter bem estruturado é a distinção entre aspectos estratégicos e aspectos operacionais de uma empresa que busca competir, crescer e gerar maior valor para seus acionistas, beneficiando a todos os demais interessados no negócio, os diferentes *stakeholders* ou parceiros: bancos, empregados, fornecedores, clientela, governo, sociedade conectada à empresa e outros.

O desconhecimento ou a falta de aplicação dos princípios que regem essas duas funções dificultam a boa gestão, podendo provocar desajustes, falta de foco nos negócios, iliquidez e falência. Num ambiente moderno de globalização e concorrência acirrada pela abertura das economias, é essencial a prática de planejamento e execução superior das funções estratégicas bem como, da mesma forma, das funções operacionais.

Comentário

A Gestão Estratégica da empresa visa a identificação, o estudo e a implantação de atividades e projetos que gerem valor. Em geral, são atividades com horizontes de médio e longo prazos, que proporcionam hoje mudanças de escala ou reorientação significativa das atividades atuais. A Gestão Estratégica trata das funções estratégicas: planejamento de vendas, projeto de expansão da fábrica, pesquisa de marketing para orientação do lançamento de novo produto, definição das fontes básicas de recursos para cobertura de novo investimento, incorporação ou fusão de empresas, reengenharia dos custos e despesas fixas da empresa com dispensa de mão-de-obra. A Gestão Operacional visa o monitoramento e controle das atividades correntes de funcionamento do dia-a-dia da empresa, conforme as metas definidas e as orientações estratégicas superiores. A Gestão Operacional de uma empresa cabe à Diretoria Executiva eleita pelo Conselho de Administração ou pela Assembléia dos Acionistas, na falta do Conselho.

As funções estratégicas são exercidas pelo Conselho de Administração. Na falta do Conselho, um Comitê Estratégico composto por elementos das áreas interna (Diretoria, Gerência) e externa (consultores) pode suprir a necessidade de planejamento e ação estratégica diferenciada das atividades do dia-a-dia.

Estudos para decisões estratégicas são desenvolvidos por Comitês ou Times de Trabalho permanentes ou provisórios, definidos pelo Conselho ou pela Diretoria (na falta do Conselho) para conduzir as análises e propor as bases para a melhor decisão que irá afetar o futuro da empresa. A decisão final sobre a medida de cunho estratégico caberá ao Conselho, se estiver autorizado pelo Estatuto Social, ou à Assembléia dos Acionistas para as devidas aprovações finais.

A boa Governança Corporativa se desenvolve através de uma atuação eficiente e eficaz do Conselho de Administração para as questões estratégicas e pela Diretoria Executiva no cumprimento das metas e dos controles de atividades correntes da organização.

CONSELHO DE ADMINISTRAÇÃO OU DIRETORIA EXECUTIVA

Tema

A Governança Corporativa de uma empresa se desenvolve para atender os objetivos fixados pelos acionistas, em Assembléias Gerais, de modo que a empresa cresça, apresente resultados e aumente o seu valor. O benefício para os acionistas será exatamente esse incremento de valor das ações que elevará o patrimônio dos acionistas constituído pelas ações. Na Assembléia, são eleitos pelos acionistas os membros do Conselho de Administração para a direção superior da companhia. O Conselho de Administração tem que eleger a Diretoria Executiva, a Auditoria Externa e os membros do Conselho Fiscal, se existente. A auditoria externa é obrigatória para empresas abertas, sendo opcional para outras empresas. A Diretoria Executiva tem a função de desenvolver e controlar as atividades operacionais da empresa. O principal executivo dessa Diretoria é o Diretor-Presidente (C.E.O. – *Chief Executive Officer*) que sempre faz parte do Conselho de Administração da Companhia.

Muitas discussões têm girado em torno de temas ligados à necessidade do funcionamento do Conselho de Administração e sua composição adequada. E na hipótese de não existir o Conselho, qual a forma eficiente de atuação da Diretoria Executiva?

Comentário

O órgão superior da Governança Corporativa de um negócio é o Conselho de Administração, constituído por Conselheiros escolhidos pelos acionistas, obedecendo (ou não) a Acordos dos Acionistas preestabelecidos. A função maior dos Conselheiros é estudar, analisar e estabelecer os rumos e os projetos estratégicos da empresa, aqueles que efetivamente criam valor para os negócios. O Conselho de Administração pode e deve contar com assessoria e deve estruturar Comitês para determinados estudos e missões que irão convergir para uma decisão estratégica a ser tomada pelo Conselho e/ou Assembléia.

O Conselho de Administração deve nomear a Auditoria Externa para controle das atividades operacionais bem como indicar os membros do Conselho Fiscal. A qualidade de Governança Corporativa está associada à estrutura e ao funcionamento do Conselho de Administração. Nesse particular muito se tem discutido se os Conselheiros devem ser de origem interna (diretores e executivos) ou externa, formados por pessoas com mais conhecimentos de estratégia do que propriamente do negócio da empresa. Pela experiência dos EUA, bons conselhos têm sido aqueles formados por Conselheiros externos. O único membro interno do Conselho é o CEO – Diretor-Presidente, para transmitir aos Diretores as direções estratégicas e, no outro sentido, as preocupações e questões da Diretoria importantes para a apreciação do Conselho. Bons Conselhos têm também Conselheiros – acionistas, Presidente do Conselho diferente do Diretor-Presidente e Conselheiros que pertencem a pequeno número de Conselhos em outras empresas.

À Diretoria Executiva cabem a direção e o controle das operações correntes do dia-a-dia empresarial, de acordo com as diretrizes e metas estabelecidas pelo Conselho de Administração. No caso de inexistência de Conselho de Administração, a Diretoria Executiva tem também que desempenhar e gerenciar funções e atividades estratégicas, o que em geral é um complicador, pois as atividades correntes podem eclipsar aquelas de cunho estratégico, ficando a empresa refém do dia-a-dia. As empresas mais esclarecidas, nesse contexto, criam Comitês Estratégicos, para formalizar o trabalho de pensamento e desempenho de atividades estratégicas separadamente das atividades operacionais correntes. A separação da estratégia das operações diárias necessárias para tocar o dia-a-dia da empresa traz certamente benefícios para os rumos e os projetos que desenvolverão a empresa. Sem essa preocupação, de modo geral as Diretorias ficam desorientadas, absorvidas pelo casuísmo diário, o que nos tempos atuais, de altas e velozes mutações, pode ser fatal.

ACIONISTAS MINORITÁRIOS x ACIONISTAS MAJORITÁRIOS

Tema

Uma boa governança societária conduz a uma boa governança corporativa para gerir a empresa em direção à criação e aumento de seu valor. Esse objetivo de alavancagem de valor beneficia todos os acionistas, além de disseminar benefícios para todos os parceiros interessados no desenvolvimento da empresa. Uma boa governança societária equilibra os interesses de todos os acionistas que compartilham o capital social do negócio, através dos dispositivos legais e dos acordos firmados entre os acionistas para as votações nas assembléias gerais e composição dos órgãos de administração da empresa. A perfeita harmonia entre acionistas majoritários e minoritários é altamente desejável para o desenvolvimento da empresa.

Entretanto, na prática, a convivência entre os acionistas nem sempre é frutífera ou pacífica. Acionistas oriundos de diversos tipos de empresa, com interesses diversificados e culturas diferenciadas podem estabelecer metas e métodos conflitantes, que culminam com decisões tomadas pela força dos votos majoritários ou composição entre acionistas longe da paz e da razão dos consensos. Certamente é alta a probabilidade de a governança corporativa ser contaminada pelas disputas entre os acionistas nesses casos de brigas e desacertos societários, resultando em problemas de gestão e perdas de valor da empresa. Majoritários e minoritários devem estar sempre em oposição? Como poderão eles se compor dentro da legislação brasileira das sociedades anônimas? A Lei das S.A. e suas modificações têm favorecido os minoritários?

Comentário

Para o desenvolvimento de um capitalismo popular, em que o investimento em ações seja uma opção importante para aplicação de poupanças de pessoas físicas, diretamente ou de forma indireta através de fundos de investimentos ou de pensão, a proteção aos acionistas minoritários deve ser medida constante nas leis e nos controles do mercado de ações de qualquer país evoluído.

A Lei das S.A. brasileira vinha sendo acusada de proteger os controladores das empresas, por permitir que o capital social pudesse ser formado até com $\frac{2}{3}$ de ações preferenciais sem direito a voto. As modificações introduzidas pela Lei nº 10.303/2001 alteram ligeiramente esse quesito, fazendo com que as novas captações de recursos públicos para formação e aumento de capital das S.A. sejam agora efetivadas pelo menos com 50% de ações ordinárias. Apesar de ter reduzido fortemente as melhorias propostas no projeto de lei, em favor dos minoritários, voltou o dispositivo do *tag along*, segundo o qual se o controle da companhia for vendido, os minoritários têm o direito de receber no mínimo 80% do valor das ações dos acionistas majoritários para cada ação que detêm. Essa medida teve a intenção de evitar a diminuição artificial de preços das ações dos minoritários no mercado. Ela representa a volta, parcial, daquilo que o Governo havia retirado da lei, para tornar factível a privatização do sistema Telebrás em 1997. Há críticas sobre a limitação dos 80% de valor. Muitos acham que deveria ser 100%. Os minoritários ganharam, contudo, mais proteção quando do fechamento de capital da companhia, que só será aceito se for pago um preço justo pelas ações em circulação. Grupos de acionistas poderão solicitar nova avaliação de preço das ações para o fechamento de capital caso considerem inadequado ou desajustado o preço fixado. Os minoritários, com 10% das ações preferenciais, ou 15% das ações ordinárias, ganharam direito de eleger representante para o Conselho de Administração. Esse representante tem o direito de escolher o auditor externo em conjunto com os demais membros do Conselho.

Uma das inovações positivas da nova Lei das S.A. foi a possibilidade de eleição de um conselho arbitral privado para julgar conflitos entre controladores e investidores, permitindo a fuga das decisões judiciais, lentas e muitas vezes desconhecendo as matérias julgadas. Veto a dispositivo da Lei nº 10.303/2001 também tirou a exigência de haver representante dos minoritários na composição do Conselho Fiscal das companhias.

Uma faceta muito criticada da nova Lei das S.A. é a do dispositivo em que as empresas poderão se adaptar às mudanças introduzidas até o prazo (longo!) de 5 anos.

Em benefício do mercado de ações a nova Lei das S.A. fortaleceu o poder da CVM para fiscalizar a Bolsa de Valores e a BM&F, prevendo punição criminal para delitos de mercado, como prisão de 8 anos para quem se utilizar de informações privilegiadas de uma empresa de capital aberto. Até então só se aplicava uma multa pela CVM.

Houve avanços, mas os especialistas consideram que a Lei das S.A., após as modificações aprovadas, ainda está muito distante daquelas leis que tratam das companhias e dos minoritários em países desenvolvidos. O *lobby* dos majoritários continua muito forte. Fica a imagem de que o Brasil parece não estar ainda preparado cultural e empresarialmente para um verdadeiro capitalismo social-democrata onde os minoritários têm força e os controladores obedecem ao poder da maioria.

Cabe registrar ainda que o especialista nessa matéria, Roberto Teixeira da Costa, ex-presidente da CVM, em entrevista ao O Estado de S. Paulo de 29/10/2001 é enfático ao dizer que "o mercado, certamente, não foi privilegiado nos dois mandatos do presidente Fernando Henrique Cardoso. Ao contrário, regredimos! A saída do estado como investidor parceiro e orientador de investimento partia do pressuposto de que o País deveria criar um mercado de capitais dinâmico e transparente, onde os empresários iriam buscar recursos para o desenvolvimento de suas empresas, favorecendo os investimentos e a criação do emprego. Assistimos exatamente ao oposto, com empresas fechando o capital ou migrando para o exterior, enquanto os investidores locais preferem o conforto e a rentabilidade dos títulos do governo e dos títulos da dívida privada que têm o CDI como indexador".

LIQUIDEZ E GERAÇÃO DE VALOR

Tema

Muitas empresas consideram fundamental a questão da geração e controle de suas condições de liquidez. Argumentam que a liquidez é essencial para qualquer maior desenvolvimento que esteja sendo objetivado para os negócios. Então, em fases de desaquecimento das atividades econômicas ou mesmo recessão é básico que haja uma preocupação redobrada, para que a empresa se apresente líquida, preparada com simulações bem estruturadas, para avaliar sempre como poderá cumprir os compromissos financeiros em face de determinada queda imaginada para seu nível de negócios. Entretanto, sabe-se também que demasiada atenção na liquidez pode ser prejudicial, sendo a empresa conduzida à situação de dimensionamento excessivo no seu capital de giro, e conseqüente abandono de opções de investimentos em ativos permanentes que efetivamente mudem a escala da empresa, podendo gerar mais valor para seus negócios.

Comentário

É importante a empresa avaliar permanentemente o *trade-off* (dilema, alternativas opostas) entre investir recursos somente no giro ou nos ativos técnicos produtivos (que também resultam em necessidade de aumentar o capital de giro). Investimento em capital de giro e manutenção dos valores nessa condição facilitam a liquidez da empresa manejada pela gestão financeira de curto prazo, podendo auferir algum rendimento financeiro dos títulos e valores de renda fixa (ou variável) no mercado financeiro ou de capital. Entretanto, por outro lado, recursos em excesso aplicados em giro deixam de ser investidos em projetos, em ativos permanentes imobilizados ou de investimento que representem novas oportunidades de ampliar os resultados, lucros e geração de caixa; somente através da implantação de novos ativos mais produtos poderão ser gerados e vendidos atendendo a crescimentos da demanda e somente dessa forma poderá ser criado mais valor para os negócios – se a taxa de retorno dos investimentos realizados for superior ao custo de capital dos recursos que a empresa capta para investir. Também está implícito que os novos projetos vão requerer mais inversões em capital de giro como também deve ser anotado que as condições de liquidez criadas no novo empreendimento devem ter configurações satisfatórias. Mas é necessária a clareza de que sem novos investimentos fixos para novos projetos não haverá condições efetivas para o aumento de valor da empresa.

AVANÇOS NA NOVA LEI DAS S.A. – AÇÕES ORDINÁRIAS E PREFERENCIAIS

Tema

A aprovada reforma da Lei das S.A. no mês de outubro de 2001, (Lei nº 10.303/2001) pelo Congresso Nacional traz uma série de medidas que visam o fortalecimento do mercado de capitais conforme suas intenções básicas. Um dos pontos-chave dessa reformulação é a ampliação dos direitos dos acionistas minoritários que constituem a maioria dos investidores em ações. Também, no aumento das atenções para as ações ordinárias, a nova lei adiciona vantagens, pois para as empresas que abrirem capital, daqui para o futuro, pelo menos 50% das ações terão que ser emitidas na classe de ordinárias, com o direito a ganhar pelas suas ações 80% do valor recebido pelos controladores em caso de venda do controle da companhia. Esse evento denominado de *tag along* deverá valorizar mais ainda os preços das ações ordinárias em relação ao preço das ações preferenciais. No caso de fechamento de capital, os controladores terão que fazer oferta pública de compra de ações ordinárias e preferenciais para todos os acionistas que desejarem vender sua posição. Em outra situação tratada, os acionistas preferenciais detendo no mínimo 10% do capital total de uma empresa poderão indicar agora representante no Conselho de Administração, para tentar influir na gestão da companhia.

Comentário

É fato que, no que foi possível, a nova Lei das S.A. adiciona alguns avanços importantes. A Lei nº 6.404/76 estabeleceu que qualquer sociedade anônima poderia ter seu capital social formado por até $\frac{2}{3}$ de ações preferenciais, sem direito a voto. Este dispositivo perdurou durante muitos anos, gerando muitas críticas a respeito da pequena representatividade do capital ordinário votante que poderia dominar as decisões de uma companhia. Uma companhia com $\frac{2}{3}$ de ações preferenciais poderia ser totalmente dominada por metade mais uma das ações ordinárias, o que representaria apenas cerca de 17% do Capital Social. Várias tentativas foram feitas sem sucesso, no Congresso Nacional, para mudar a composição obrigatória das ações do Capital Social de uma companhia para o *mix* de 50% de ordinárias e 50% de preferenciais. Entretanto, a cultura preferencialista que existe no mercado de ações do Brasil não permitiu essa mudança. Agora, há o avanço para os casos de novas aberturas de capital, que, segundo a nova lei, terão que ser realizadas com 50%, pelo menos, de ações ordinárias. Interessante é o caso brasileiro. Nos Estados Unidos e demais países desenvolvidos, o interesse generalizado dos acionistas é pelas ações ordinárias, aquelas que dão direito a voto nas Assembléias.

AUDITORIAS DE AUDITORAS

Tema

As empresas de auditoria contábil-financeira estão agora frente a requisitos de qualidade impostos pelo órgão de regulamentação da classe. Já há algum tempo tais empresas sofrem pressões éticas para evitar seu envolvimento ou de suas subsidiárias com atividades de consultoria, emanadas do conhecimento íntimo que adquirem por realizarem seus serviços de auditagem dentro das empresas. Agora o Conselho Federal de Contabilidade (CFC) emitiu a Norma de Revisão pelos Pares, determinando que, no máximo, a cada quatro anos as empresas de auditoria contratem outra auditoria para avaliar se os procedimentos de qualidade de seus trabalhos estão adequados aos padrões definidos. Os debates são inúmeros no ambiente do ramo; como ficarão os custos do procedimento de arbitragem após as revisões externas ou como serão os processos de escolha e rodízio, se for o caso?

Comentário

Praticamente o que deve ser feito é a contratação de uma concorrente para revisar um ou mais trabalhos realizados pela auditora. A auditoria contratada enviará ao CFC relatório contento sua análise. O CFC poderá então, eventualmente, advertir ou punir os responsáveis por resultados inadequados em face das exigências legais de qualidade. As primeiras revisões externas começaram a partir de 31/12/2001 para dez empresas e pessoas físicas com maior número de clientes de capital aberto. Para os auditores independentes e 50 empresas auditoras, os trabalhos tiveram início em meados de 2002. Os serviços são pagos pelas próprias auditoras e devem ser executados com base em amostragens.

É certo que os trabalhos de revisão de auditagem devem conferir maior transparência dos serviços de auditoria para a visão da sociedade, propiciando maior nível de confiabilidade às auditorias. Contribuindo para essa maior confiança, novos procedimentos estão sendo exigidos dos auditores, como a avaliação de risco e o envolvimento de mais de um responsável técnico nos trabalhos de revisão de maior complexidade, de acordo com roteiro padronizado.

PLANEJAMENTO E ESTRATÉGIA

PLANEJAMENTO POR CENÁRIOS OU USO DE BOLA DE CRISTAL

Tema

O progressivo desaquecimento da economia dos EUA a partir de 2001 alavancado pelo quadro de incertezas gerado pelos ataques terroristas aos EUA e pela guerra ao terror declarada em revide, as importantes falhas nos balanços de grandes corporações dos EUA e a constante ameaça de guerra no Iraque têm produzido um novo ambiente na economia mundial. Como resultado as expectativas empresariais e públicas têm sido conduzidas no sentido de maiores incertezas sobre o conhecimento do que irá acontecer daqui para a frente. Tem aumentado significativamente o número de participantes em conferências que procuram analisar ou ilustrar reflexões sobre as grandes surpresas do futuro.

Há muitos anos a metodologia do planejamento por cenários tem sido a mais utilizada para orientar o pensamento sobre o futuro. Essa técnica consiste em imaginar o futuro em lugar de extrapolá-lo com base nas linhas de tendência do passado. Segundo artigo publicado no *The Economist* de 16/10/2001 esse método foi abalado pelos acontecimentos de 11 de setembro, o que faz concluir que as companhias de um modo geral esqueceram de incluir questões de segurança em seu planejamento de cenários. O que se pergunta é se efetivamente esse planejamento por cenários serve para orientação pragmática ou se o uso de uma bola de cristal não é solução alternativa válida?

Comentário

A busca de respostas sobre como planejar na nova economia, com as alterações drásticas introduzidas pelo episódio de 11 de setembro de 2001, é incessante e cada vez mais intensificada. Um novo modelo de planejamento com horizontes amplos é desejado por 100% das empresas. À pergunta se será adequado imaginar cenários como método de serviço, as respostas têm sido cheias de dúvidas, até críticas, caracterizando-a com pouca criatividade face ao ambiente geral modificado pelos atos do fundamentalismo islâmico. Esse ambiente pode apresentar-se deteriorado, pois há uma percepção de que tal fundamentalismo pode tornar-se uma grande barreira à expansão do capitalismo ocidental e da democracia. O que deveria ter sido feito, já há 10 anos, era a idealização desses cenários com influência do fundamentalismo nos países islâmicos e no mundo em geral.

O planejamento por cenários vem sendo criticado, essencialmente, por tratar de problemas correntes e não ter tido competência para prever o que está e estará em nosso entorno socioeconômico, que afetará e transformará nossa vida daqui para a frente. Fica finalmente a dúvida sobre se será possível a geração de uma fórmula para se pensar o futuro, o que seria uma grande e surpreendente novidade.

ESTRATÉGICO OU OPERACIONAL

Tema

O funcionamento e o crescimento de uma empresa têm intimamente ligados dois aspectos fundamentais: o estratégico e o operacional. Na prática, a condução dos negócios em seu dia-a-dia precisa estar bem planejada, com metas rígidas ou flexíveis bem claras, as equipes bem constituídas, treinadas e integradas, os controles e as informações fluindo adequadamente. Esse é o lado operacional da empresa, responsável pelo seu funcionamento, tratando das inter-relações e interações entre os agentes externos e internos que se conectam com a cadeia de agregação de valor da empresa. O bom desempenho operacional garante as metas, a eficácia e a eficiência das atividades que visam os objetivos estabelecidos.

Paralelamente, existe o lado estratégico cuidando dos horizontes da empresa, das atividades e oportunidades para o desenvolvimento da empresa, a médio e longo prazos.

Muitas discussões se tem observado a respeito desses aspectos: quais as funções mais importantes, as estratégicas ou as operacionais? É mesmo necessária a função estratégica já que a empresa precisa sobreviver no seu dia-a-dia? Quem deve desempenhar funções estratégicas, os mesmos que operam as empresas?

Comentário

Apesar da insuficiente compreensão sobre a matéria, malgrado o imenso volume de literatura sobre estratégia, é necessário o entendimento de que ambas as funções são essenciais para que uma empresa se desenvolva: o lado estratégico é instruído pelo operacional; o lado operacional fica sem rumo, não sobrevive sem a estratégia. A estratégia envolve as atividades de pensamento, estudos, definições de rumos políticos e projetos que modificarão a escala, a estrutura, as atividades da organização, de forma significativa, implementando reorientações e, mutações em direção ao incremento de atividades, resultados, fluxos de caixa e, por conseguinte, possibilitando o aumento de valor da empresa. É tão necessária a atividade estratégica para qualquer tipo e tamanho de negócio que, modernamente, é conduzida por Conselhos de Administração ou Comitês Estratégicos que só devem tratar de questões estratégicas, sendo proibida qualquer abordagem de assuntos operacionais em suas pautas. Também é tendência os Conselhos de Administração serem constituídos por Conselheiros Externos, situados fora da Diretoria Executiva que só deve tratar de funções e ações operacionais. Apenas o Diretor-Presidente (CEO) faz parte de Conselhos de Administração nas modernas estruturas de organização das companhias mais evoluídas.

As atividades estratégicas não devem ser misturadas com as ações operacionais que tratam dos detalhes do dia-a-dia. Os estudos estratégicos em Comitês do Conselho ou da Diretoria Executiva, caso não exista Conselho de Administração na empresa, podem contar com consultores externos, diretores e gerente internos para as avaliações e definições, mas estas serão decididas pelos Conselheiros, prepostos dos acionistas, com a responsabilidade de conduzir a empresa para mais elevados patamares de valor. E somente através de novos rumos, novos projetos podem ser obtidos incrementos de valor e as funções estratégicas têm grande importância no cumprimento desse objetivo maior.

As funções operacionais são imprescindíveis para tocar adequadamente o complexo empresarial na direção das metas fixadas, na execução diária das operações em todos os cantos da organização. Elas não criam valor propriamente, podem ajudar eventualmente. Entretanto, é certo que uma má condução operacional poderá resultar em prejuízos e conseqüentes perdas de valor para a organização.

PROJETO DE PRÉ-VIABILIDADE OU DE VIABILIDADE

Tema

Durante a fase de pré-investimento em que uma empresa deseja verificar as condições de viabilização de um novo empreendimento ou expansão de unidades produtivas, uma série de pesquisas e estudos deve ser realizada. A partir da primeira idéia ou sugestão sobre o novo negócio, estudos de oportunidade de investimento devem ser disponibilizados ou efetuados para compor um primeiro quadro sobre a visão do empreendimento, a vocação atual e as condições gerais do mercado para sua adequação. Nesse primeiro estudo, um conhecimento mais geral do mercado para o novo empreendimento deve ser configurado.

A partir das sinalizações positivas dessa primeira aproximação devem ser aprofundadas as pesquisas e os esforços de avaliação do projeto visado.

Muitos consultores e empreendedores partem logo para o detalhamento de um estudo ou projeto de viabilidade. Alguns mais cautelosos ampliam o leque de informação, evoluindo através de um projeto de pré-viabilidade ou pré-estudo de viabilidade, ao fim do qual seria efetivamente executado o projeto de viabilidade, caso os resultados prévios sejam positivos.

Qual o caminho a seguir? É claro que um estudo de viabilidade, pelo maior detalhamento das informações técnico-econômicas, deverá ser mais caro do que a pré-viabilidade, queimando uma etapa importante. É conveniente essa aproximação mais rápida?

Comentário

Um estudo de pré-viabilidade se pauta em informações menos detalhadas, mas que servem para uma primeira ordem de grandeza dos investimentos, resultados e rentabilidade do negócio objetivado. A base é constituída por números índices, informações referentes a projetos similares, o mercado pode ter apenas um delineamento geral sem configurações mais precisas. Segundo a UNIDO (*United Nations Industrial Development Organization*) o estudo da pré-viabilidade deve contar com um grau de "imprecisão" de até 20%. Nesse estudo não se terá ainda a verdadeira localização ou dimensão do negócio. Caso os resultados do estudo de pré-viabilidade sejam favoráveis, os detalhamentos das pesquisas e das avaliações devem ser executados através de anteprojetos de engenharia, estudo de mercado adequado, faturas *pro forma* para base orçamentária de investimentos, estimativas adequadas de custos e despesas operacionais, simulações de financiamentos devem estar configuradas de acordo com as reais possibilidades do mercado de capitais, o novo empreendimento deve estar dimensionado *in loco*, com as estimativas gerais contidas numa margem de erro de 10% (segundo a UNIDO).

O estudo de viabilidade é que deve efetivamente demonstrar para os empreendedores as reais condições de viabilização. Convencidos, eles podem partir para a fase captação de recursos em bancos de investimentos ou em grupos de investidores, usando como instrumento de convencimento o estudo de viabilidade, contendo todos os aspectos dos fatores estratégicos e de riscos nas áreas jurídica, administrativa e organizacional (RH e gerenciamento), tecnológica, mercadológica, econômica, financeira, macroeconômico-social envolvidas na viabilidade geral do negócio.

Hoje em dia o termo plano de negócio tem substituído o contexto de um projeto de viabilidade. Define-se plano de negócio aproximadamente como um estudo de viabilidade, muitas vezes sem a profundidade requerida para a elaboração das análises necessárias. Muitos planos de negócio têm sido apresentados superficialmente ou são resumos de projetos de viabilidade ou se estruturam como pré-projeto de viabilidade com primeiros números de mercado e de orçamento econômico-financeiros que se caracterizam melhor como indicações preliminares.

EFICIÊNCIA OU EFICÁCIA

Tema

Nos trabalhos de análise e avaliação de desempenho financeiro e não-financeiro, é muito comum o uso dos termos produtividade, eficiência e eficácia para caracterizar e adjetivar as performances encontradas. O primeiro termo, produtividade, é utilizado com mais acerto e rigor. De modo geral, pode-se definir produtividade de uso de um fator financeiro ou não-financeiro como a relação entre o resultado obtido com esse uso e o valor ou volume do fator aplicado. A produtividade da mão-de-obra ao produzir um certo bem, segundo determinado processo produtivo, pode ser definida por 100 kg/homem-hora, para traduzir que 5.000 kg do produto são fabricados com aplicação de 50 homens x hora (5.000 kg ÷ 50 hh = 100 kg/hh). Quanto maior for o resultado ou a produção atingida pela mesma quantidade do fator produtivo utilizado, maior será a produtividade alcançada.

Na caracterização dos conceitos de eficiência e eficácia algumas imprecisões ou dúvidas costumam acontecer.

Comentário

Eficiência e eficácia são termos usados, às vezes imprecisamente, como tendo sentidos equivalentes, mas, distinguem-se conceitualmente. Eficiência significa atingir marcas de produtividade de desempenho cada vez melhores com relação à utilização de certo fator produtivo. É aumentar o rendimento, ou seja, o valor ou o volume de resultado pela unidade utilizada de fator produtivo que contribui para aquele resultado. Se o rendimento de uma máquina é de produção de 3 toneladas por hora de funcionamento, esta máquina é mais eficiente, trabalha com mais eficiência do que outra máquina que produz no ritmo de 2 toneladas por hora. A eficiência é uma qualidade que tem a ver com a produtividade alcançada, tomando-se como referência padrões básicos de comportamento. Os padrões de eficiência característicos do "benchmark" são daqueles agentes que apresentam o melhor desempenho.

Eficácia é o termo que significa a qualidade de desempenho de um agente que se propõe inicialmente atingir determinada meta após um certo período e consegue alcançá-la. Diz-se que esse agente agiu com eficácia ou efetividade, pois conseguiu cumprir o objetivo fixado. Se uma ação, desenvolvida com eficácia, corresponde à obtenção de performance de rendimento considerado pelos padrões de referência como econômico, adequado, acima de patamares desejáveis, então essa ação eficaz foi também eficiente. A fixação de uma meta pode ser estabelecida abaixo de padrões desejáveis. Se ela for atingida, terá havido eficácia, mas terá sido uma ação sem eficiência, ineficiente, por ser antieconômica, abaixo do padrão mínimo necessário. A eficácia de uma ação ou operação também é caracterizada como a medida ou forma do atingimento da meta fixada, com menor desvio, erro ou tempo de realização.

OPÇÕES REAIS NOS PROJETOS DE INVESTIMENTO

Tema

Para avaliação e seleção de projetos de investimento, o método da projeção do fluxo de caixa descontado é aquele que se apresenta com maior freqüência de aplicação, pela objetividade e praticidade, desde que se conheça adequadamente o custo de capital que desconta o fluxo para determinação de seu valor atual (VPL). O método serve para qualquer tipo de *Cash-Flow*, seja tradicional (com apenas uma inversão de sinal) ou não-convencional (com mais de uma inversão de sinal). A escolha da melhor opção de investimento ou de estruturação de vários investimentos não excludentes, é realizada pela identificação do maior Valor Presente Líquido, dentro das restrições de capital, mão-de-obra ou outro fator limitativo existente. Nessa escolha pode-se estabelecer a lista do ranking das opções. A teoria das opções reais complementa a metodologia do fluxo de caixa descontado relativamente a um projeto em que podem ocorrer flexibilizações gerenciais e opções diferenciadas de investimentos relevantes, motivadas por causas previsíveis e mensuráveis com precisão na data presente. Os defensores das opções reais indicam que o método tradicional do VPL dos *Cash-Flows* subavalia projetos que possuem opções reais significativas.

São exemplos de opções reais de um projeto as decisões de postergá-lo, de cancelar novas etapas do investimento, de contrair a escala de produção, de fechá-lo temporariamente, de expandir a escala de produção, de abandoná-lo definitivamente, de alterar as matérias-primas ou os produtos finais do projeto.

É sempre possível considerar um projeto como uma série de opções reais, que seriam avaliadas da mesma maneira das opções financeiras? São sempre precisas as estimativas e os fluxos de caixa da opção real realizados em época atual?

Comentário

É claro que haverá sempre mudanças no ambiente empresarial mesmo depois do projeto de investimento ter sido equacionado, avaliado e determinado seu VPL simples. Opções reais podem existir em determinados projetos, modificando o seu cronograma e seu fluxo de caixa básico com alterações nas estimativas dos eventos que têm chance de ocorrer ao longo do tempo. Contudo, a previsão e o dimensionamento exato dessas ocorrências ou flexibilizações são tarefas complexas, tratadas muitas vezes de maneira simplista, resolvidas através de reformulações hipotéticas do *Cash-Flow* básico da opção dentro de uma faixa de valores que podem ocorrer nos investimentos, nos custos/despesas e receitas e aplicação de análise paramétrica, sensibilizando o VPL às diversas hipóteses de flexibilização imaginadas.

Na teoria das opções, há que se aplicar a equação básica: o valor presente líquido da opção expandida ou flexibilizada é a soma do valor presente líquido da opção básica tradicional mais o valor da flexibilidade gerencial adotada. Esse valor da flexibilidade, considerado na avaliação, é introduzido e calculado como uma opção financeira com preço de exercício da opção real igual ao valor do investimento no projeto, usando a taxa de remuneração dos ativos livres de risco.

Sendo complexa a tarefa de projetar um empreendimento e seu fluxo de caixa correspondente, mais complexa é ainda a identificação e aplicação futura de opções reais e seu cálculo de valor através da equação de *Black-Scholes* para opções de venda. Por isso a teoria das opções reais tem se posicionado apenas como exercício acadêmico dessa teoria, em vista da sua pequena praticidade. As flexibilidades que podem ser previstas na data inicial do projeto costumam ser tratadas através de *Cash-Flows* paramétricos, em estudos da sensibilidade sobre a variável-alvo (VPL) de perfis diferentes de *Cash-Flow*, que levam em conta várias hipóteses de flexibilização. É mais fácil esse caminho, pois evita cálculo de Valor de Opções ainda pouco nítidas na data atual.

GESTÃO DE PESSOAL

DIMINUIÇÃO DE PESSOAL OU REDUÇÃO DE OUTROS CUSTOS

Tema

Em épocas de crise especialmente, ou em qualquer ocasião, é essencial que as empresas estejam sempre preocupadas em reduzir custos e despesas. A primeira idéia que costuma surgir nessas ocasiões é o *downsizing* de pessoal com as dolorosas e custosas dispensas. Verifica-se que nas épocas de turbulências, os erros cometidos na empresa tornam-se bem visíveis, o que não acontece nas fases de euforia e crescimento, quando se diluem nas ondas dos bons resultados. Em fases de desaquecimento econômico, como se observa atualmente, os executivos têm que tomar decisões estressantes no ambiente empresarial, em que o gerenciamento visando o lucro é substituído pela gestão em busca de liquidez ou da salvação dos negócios. Nesses momentos, há uma atenção maior nas atividades operacionais, do dia-a-dia, do que naquelas ligadas ao longo prazo, envolvidas em um aplicado grau de incertezas.

Muitas empresas dispensam em primeiro lugar os trabalhadores temporários ou autônomos, providência considerada mais barata e menos complicada. Os gerentes são um segundo alvo nos cortes, quando são realizadas reestruturações dos organogramas para enfrentar a crise. Demitir é efetivamente uma solução para resolver os problemas empresariais nessas ocasiões?

Comentário

Por um lado, os custos e as despesas de pessoal, com seus encargos, representam parcelas não significativas do faturamento de grande parte das médias e grandes empresas. Qualquer grande movimento de variação nos quadros equivalerá a valores menos significativos em relação às vendas, mas poderá ser importante se comparado ao nível de lucro do negócio. Uma folha salarial de 10% das receitas, numa empresa que tem lucratividade de 5% das vendas, se sofrer um corte de 10% terá uma economia de 20% do lucro. Se a margem líquida da empresa for bem maior, no nível de 15%, aquele corte de 10% dos dispêndios com pessoal terá menor importância pois será da ordem de $\frac{1}{15}$ ou 6,7% do lucro. De qualquer forma, nas empresas em que é necessário diminuir custos e despesas, em geral a dispensa de pessoal faz parte do contexto. Mas essa providência além de custar caro instantaneamente com os encargos e direitos trabalhistas devidos aos dispensados poderá não ser a solução para o equacionamento e equilíbrio da empresa por não atingir outros custos e despesas que seriam mais importantes para os resultados do negócio. Um movimento de demissões pode traumatizar a empresa, seu espírito e seu corpo funcional, colocando-o fora do foco. Na onda de demitidos podem ser incluídos funcionários valiosos, não percebidos como indispensáveis para certas tarefas ou áreas de atuação, o que será negativo para o funcionamento produtivo da empresa, já abalada pelo mal-estar reinante entre os "sobreviventes" que ficarão mais avessos ao risco, menos participativos e muito menos criativos. Na maré das demissões não existe a situação teórica de que as dispensas só atingirão as pessoas "certas" e não os talentos existentes. O fato é que ninguém gosta de gerenciar em épocas ou fases de declínio econômico. O problema de descarte de pessoal parece simples, mas não é. E o encontro de soluções alternativas com identificação de outros custos e despesas a serem cortados envolve, em geral, estudos e esforços não-rotineiros e não-triviais, com necessidade de atenção a diversas decisões e negociações.

INFORMAÇÃO E INTELIGÊNCIA INTERPESSOAL

Tema

Dado não é informação. É preciso discernir bem esses dois conceitos, situando dados como registros, estatísticas, valores brutos que medem uma determinada variável ou um conjunto de variáveis. Um banco de dados, eletrônico ou não, acumula esses registros de forma ordenada e codificada. Informação consiste no resultado de um tratamento, triagem, análise, reclassificação de dados, tornando-os úteis a uma determinada aplicação. A informação pode se apresentar estruturada em tabelas, estudos, listagens, planilhas que serão de valor prático, auxiliando orientações, exposições, trabalhos de cunho econômico, utilizáveis por determinados consumidores interessados. A informação facilita o aprendizado referente à matéria ligada a ela. A absorção das informações pelo ser humano por vias diversas – leitura, aula, conferência, filmes e outras – permite que se construam condições culturais e ações da inteligência. A conceituação da inteligência parte do aprendizado de informações que o ser humano adquire proporcionando capacidade de decidir adequadamente os problemas, os impasses e os desafios diários. O ser inteligente se distingue dos demais pela sua aptidão em decidir certo, a partir do conhecimento de informações adquiridas. Uma pessoa pode ser bem informada, mas se não possuir a condição de bom uso dessas informações para decisões instantâneas e adequadas não se caracteriza como inteligente.

Na vida empresarial cada vez mais se necessita de comunicação interpessoal dos seus recursos humanos, cada vez mais inteligente. Fala-se então em inteligência interpessoal e muitas pessoas não distinguem bem essa situação da simples comunicação interpessoal.

Comentário

A imprescindível comunicação interpessoal que deve existir numa empresa, conectando adequadamente todos os seus recursos humanos, deve ser propulsionada pela inteligência interpessoal. A inteligência como capacidade de estabelecer associações entre fatos, fenômenos e situações, decidindo com rapidez e eficiência, aplicada às relações humanas, se denomina inteligência interpessoal. Pessoas com inteligência interpessoal possuem habilidades para identificar, inter-relacionar com velocidade e eficiência as informações vinculadas ao andar, aos gestos, à postura, à forma de vestir, à expressão do olhar, aos caracteres da personalidade, captando tais informações através dos sentidos.

A inteligência interpessoal pode se tornar o grande diferencial da empresa, tendo em vista a valorização da dimensão humana e de capital intelectual da empresa, considerando o mais importante ativo de uma organização.

Algumas propriedades ou atributos que se encontram em pessoas com inteligência interpessoal podem ser destacadas: saber se relacionar bem com as demais pessoas; saber se comunicar bem com seus parceiros; saber ler e decodificar as intenções de outras pessoas; ter capacidade de formar círculos de amizade; ser mediadora de disputas; tratar sempre seriamente os negócios e suas relações interpessoais.

EMPREGO E EMPREGABILIDADE

Tema

Todos procuram emprego para base de sua sustentação e de seus familiares. País cidadão é aquele que estabelece fundamentos e executa uma política econômica em direção à criação de emprego e ao aumento dos níveis de bem-estar social. Hoje em dia, na Nova Economia, não basta apenas haver a procura de um emprego por um eventual interessado. Isso porque as empresas estão estabelecendo condições de empregabilidade para que um posto de trabalho seja preenchido. Há que se distinguir o tradicional conceito de emprego separadamente da moderna definição de empregabilidade.

Tradicionalmente um posto de trabalho era preenchido por um empregado que tivesse condição básica para ocupá-lo, ou seja, possuir a especialização correspondente às funções que terá de desempenhar naquele lugar. As transformações rápidas e radicais que ocorreram no ambiente empresarial da Nova Economia, como mutações antes inimagináveis, empurraram as empresas para uma concorrência muito mais intensa, em ambiente global. Isso exige novos procedimentos no mercado de trabalho, especialmente na formação dos recursos humanos. Hoje, conta mais a condição de empregabilidade do funcionário para atender a essas novas exigências.

Comentário

A especialização, a experiência e o conhecimento do funcionário para fundamentar o preenchimento de um determinado cargo sempre foram parâmetros de decisão que os tradicionais departamentos de Recursos Humanos (RH) levavam em conta.

As novas exigências ditadas pelas transformações rápidas na Nova Economia mudaram os parâmetros de formação e reciclagem, habilidades e atributos que deve apresentar qualquer candidato a um emprego. Para que o indivíduo preencha um cargo ele deve agora ter condições de empregabilidade, para se manter naquele cargo e depois evoluir para cargos de maior responsabilidade.

No tocante à formação e reciclagem, a empregabilidade exige boa formação, tendo futuro mais promissor quem investir no aumento do grau de escolaridade; domínio de línguas estrangeiras, sendo o inglês básico, além de bom conhecimento da língua portuguesa (escrita e falada); domínio dos computadores e de navegação pela Internet; ser eclético, não sendo apenas especialista em determinada área, estando sempre disposto a aprender e executar novas tarefas; melhor qualificação através de reciclagem permanente por treinamentos, retreinamentos, palestras, cursos; ter fluência e expressão verbal, através de leituras e treinamentos adequados.

Com respeito a habilidades e atributos necessários à empregabilidade, destacam-se a capacidade de ter iniciativa; apresentar idéias; comunicar-se adequadamente, inclusive oferecendo sugestões críticas para melhoria dos processos e dos produtos da empresa; ajustar-se ao trabalho em equipes e aos processos cada vez mais freqüentes de gestão participativa; não criar, de forma alguma, dificuldades nos inter-relacionamentos com colegas de trabalho; gostar de enfrentar desafios; ter espírito empreendedor em lugar de atitudes acomodadas; considerar o trabalho como fonte de crescimento e desenvolvimento pessoal e profissional.

A polivalência e o aperfeiçoamento das inter-relações pessoais são requisitos fundamentais para a empregabilidade, na primeira ocupação de um posto de trabalho e, especialmente, para a carreira ascendente em direção a novos e mais elevados cargos e responsabilidades.

CHEFES E LÍDERES

Tema

Não basta as empresas terem chefes que atuem de acordo com as normas. As organizações estão cada vez mais complexas e flexíveis e por isso necessitam de líderes que usem ao máximo suas capacidades atuando com inteligência emocional, ouvindo reclamações, aceitando sugestões, dando orientações diretas e claras. Líder não deve ser confundido com a figura de chefe. Líderes devem ser procurados para exercer cargos de chefia num mundo globalizado e de alta competitividade. O tradicional chefe não mais serve para os objetivos das empresas, que não visam mais simplesmente formar subordinados, emitir ordens para serem cumpridas sob ameaças e com medo dos funcionários de não realizá-las. Hoje, os profissionais precisam adquirir ou aprimorar diversas habilidades para assumirem lideranças em organizações complexas, exigentes e em constantes mudanças. Os chefes têm que mudar sua postura, deixando de lado sua imagem autocrática e impositiva. Tais chefes estão sendo preteridos pelos líderes.

Comentário

Líderes devem ser profissionais abertos ao diálogo, à troca de conhecimentos e ao trabalho em cooperação, com interesse em criar novos líderes, trabalhando por um objetivo comum, criando o prazer da performance. O líder apresenta o objetivo a ser atingido, estimulando a cooperação e a colaboração da equipe com a qual trabalha. O líder induz o processo, aceito por todos como essencial para que se atinjam as metas. Várias habilidades como comunicabilidade, interesse pelas outras pessoas, perfil inovador com gosto de assumir riscos e novos desafios, saber delegar tarefas e habilitar sua equipe a cumpri-las, ter caráter, ética, honestidade, inteligência, disciplina e persistência, ter confiança nas outras pessoas, habilidade para fazer as pessoas confiarem em sua atuação, dar liberdade para a equipe descobrir a melhor forma de alcançar as metas e os resultados.

Os líderes desempenham papel-chave na criação de equipes competentes, necessárias para a concretização dos resultados. A liderança de uma empresa está intimamente relacionada com a emoção dos funcionários. O racional se relaciona com o conhecimento, e a liderança administra a racionalidade e a emoção para que as mudanças aconteçam. As informações precisam ser compartilhadas por todos de modo a "sentirem a empresa". Um adequado sistema de comunicação deve levar conta os fatores determinantes da "inteligência" emocional dos indivíduos, sua sensibilidade e capacidade de percepção. O sucesso da liderança depende das habilidades pessoais de se comunicar e da qualidade do relacionamento durante o processo comunicativo. Os líderes na empresa têm que fazer os recursos humanos estarem sintonizados com as mutações que ocorrem, com a introdução de novos concorrentes, novos métodos gerenciais, fatos decorrentes de uma economia cada vez mais globalizada, ágil, voltada para a competição, impondo ritmo forte nas atividades dos negócios.

Pode haver dúvidas se um líder é uma figura nata ou pode ser produzida e aperfeiçoada. Mas é certo afirmar que as empresas precisam de líderes para dirigir pessoas estrategicamente em benefício da própria empresa e de todos os seus funcionários, agrupados em equipes de trabalho, visando a excelência de altas performances.

FLEXIBILIZAÇÃO DOS DIREITOS TRABALHISTAS

Tema

Mudanças na CLT provocaram grande celeuma ao estabelecer que as negociações entre empregados e patrões, fixadas em acordo coletivo ou convenção, terão validade desde que não contrariem a Constituição e as normas de segurança e saúde do trabalho. Dessa forma, direitos trabalhistas, como férias, 13º salário, descanso semanal remunerado, irredutibilidade de salários e outros mais poderão ser passíveis de negociação, em ambiente democrático e livre, caso sejam julgados compensadores para os empregados. É uma reviravolta relevante no terreno das leis trabalhistas. As alterações na CLT objetivam também que se possa negociar para menos. Além disso, é sabido há muito tempo que o engessamento dos contratos de trabalho no país é o grande inimigo do emprego formal.

Comentário

Efetivamente, os especialistas da legislação trabalhista consideram que a flexibilização dos direitos dos trabalhadores representa um avanço, motivado pela perspectiva de crise no emprego, quando é mais importante manter o emprego em lugar de sua expansão. Trata-se de uma visão pragmática contra um congelamento que entrava a racionalidade dos negócios e aumenta o famoso Custo-Brasil. Os trabalhadores estão cada vez mais percebendo que salários e remunerações flexíveis, mesmo que tenham um sentido descendente provisório, são preferíveis ao salário zero do não-emprego. É também certo que o Governo é responsável pela geração de condições de pleno emprego na economia. Se conseguir esse objetivo, uma legislação trabalhista flexível possibilitará também os ajustes necessários para mais, na direção da expansão dos direitos dos trabalhadores, incentivando o investimento e a criação de novos empregos e geração de maior renda. Não se deve perder de vista a atual situação desfavorável em que 60% dos empregos do país são informais, o que poderia ser diferente se as leis e os encargos sociais fossem mais brandos. Também a globalização e a autonomia são fatores que estão desfavorecendo a aplicação de mão-de-obra intensiva nos negócios. Vale lembrar que, ao longo da última década, estimativamente cerca de 3 milhões de postos de trabalho foram transladados das grandes para pequenas e médias empresas, pelo artifício das terceirizações, implementadas com efetivação de salários mais baixos.

RIGIDEZ OU FLEXIBILIDADE NA LEGISLAÇÃO TRABALHISTA

Tema

Está em marcha na sociedade brasileira um processo de modernização de sua legislação trabalhista, propondo-se flexibilizações à Consolidação das Leis Trabalho (CLT). A proposição básica é que diversos tipos de direito do trabalhador poderão ser objeto de negociação mediante convenção ou acordo coletivo entre patrões e empregados. Não estão objetivadas nessa flexibilização da lei, as cláusulas rígidas do artigo 7º da Constituição em 34 itens, como o seguro-desemprego, FGTS, piso salarial, 13º salário, remuneração do trabalho noturno, salário-família e outros mais. Há reações da sociedade indicando que a revogação da CLT, submetendo as leis trabalhistas a acordos e convenções coletivas das categorias. Há argumentações de que flexibilizar o direito dos trabalhadores não garante freio ao processo de eliminação dos postos de trabalho. Em lugar da flexibilização, o que deveria ser realizado é o que garante o aumento de emprego: o desenvolvimento econômico, taxas de juros mais baixas e maiores incentivos à produção. Além disso, existe a argumentação de que a maioria dos sindicatos do país não está preparada para as negociações com a flexibilização. É importante flexibilizar ou endurecer nos direitos dos trabalhadores? O que é mais benéfico para o trabalhador e para o país?

Comentário

Parece certo que há a necessidade de modernizar as leis trabalhistas estabelecidas há meio século. A legislação trabalhista do país não tem oferecido segurança a ninguém, empresários ou trabalhadores, e vem alimentando maiores índices de desemprego e informalidade.

A flexibilização das leis do trabalho segundo os especialistas, é medida fundamental para ajudar o país a melhorar o seu nível de desenvolvimento econômico e social, sem ferir as cláusulas rígidas da Constituição. É uma necessidade para a geração de empregos formais e ajustamento do mercado de trabalho às rápidas transformações que se observam na economia globalizada.

O grau de informalidade no mercado de trabalho brasileiro não pára de crescer. Era de 40% em meados dos anos 70, hoje já se encontra na faixa de 55% a 60%. Nesse período as ações trabalhistas na Justiça do Trabalho evoluíram de 400 mil para 2 milhões anuais, grande parte por força da maior flexibilização informal dos direitos trabalhistas que as empresas, por conta do mercado, decidiram estabelecer para sobreviver, amparar o trabalhador, não o jogando muitas vezes no regime de salário zero. Há um consenso de que as empresas do país têm de ganhar competitividade, o que pode ser conseguido com reforma tributária e com flexibilização dos direitos trabalhistas. Um exemplo de flexibilização na área do trabalho foi o acordo da Volkswagen que impediu a demissão de 3.000 funcionários. Pelo ajuste houve redução da jornada de trabalho e dos salários em 15%, implementação do banco de horas, semana VW com menos 1 dia, garantia de emprego por 5 anos, parcelamento da participação nos lucros e outros mais.

O fato é que a flexibilidade já existe. Em grandes empresas de setores com sindicatos fortes, como bancários e metalúrgicos, para só citar dois, já acontece a flexibilização através de negociações equilibradas. Nos setores com sindicatos mais fracos são feitos acordos à margem da lei como maneira de sobrevivência das empresas, com os trabalhadores abrindo mão de direitos previstos em lei, para não ficar desempregados.

Segundo os empregados, de modo geral, o importante é ter o emprego. Mesmo com salários mais baixos o que conta é ter o emprego garantido. A flexibilização das leis trabalhistas brasileiras tem caminhado nesse sentido, ao procurar baixar os custos de produção e amplificar a oferta de empregos formais. Os 8 milhões de brasileiros sem trabalho e os 27 milhões sem carteira são o público-alvo dessa questão, para não falar nos grandes contingentes que anualmente chegarão ao mercado de trabalho. Como disse Joelmir Beting em sua coluna de O Globo de 29/11/2001, "formalizar os informais até aqui excluídos pela própria CLT é um rasgo de cidadania. Com isso ganham todos, trabalhadores, empresas e governo, pois as receitas do INSS e do FGTS se ampliariam".

CADEIAS DE AGREGAÇÃO DE VALOR

INCLUINDO: MARKETING, COMUNICAÇÃO, CRM E QUALIDADE

COMPORTAMENTO DA CLIENTELA E CRM (CUSTOMER RELATIONSHIP MANAGEMENT)

Tema

Nos últimos 2 ou 3 anos, os fabricantes de bens de consumo e os produtores de software elegeram os sistemas operacionais computadorizados CRM (*Customer Relationship Management*) como ferramenta vital para alavancar vendas através de manuseio de informações necessárias para o Gerenciamento do Relacionamento com Clientes, operadas por bancos de dados sobre a clientela. Através deles, por via digital, pode-se pesquisar o perfil do consumidor, monitorar suas compras e seus gostos e demandas mediante pesquisas. Conforme se verifica na Gazeta Mercantil de 03/08/2001, no artigo "Retorno às Origens" a repórter Marta Barcelos aponta a má performance dos sistemas CRMs, nos Estados Unidos, em relação àquilo que se propuseram ser.

A insatisfação dos consumidores e o aparecimento de outros sistemas substitutos do CRM, como o CEM (*Customer Experience Management*) e TCE (*Total Customer Experience*), são motivos que demonstram a queda de popularidade dos CRMs. Como reação a essa situação aparece novo modismo para tentar aperfeiçoar o relacionamento das empresas com seus clientes: a ciência comportamental. É a reaproximação da empresa com os seus clientes, procurando reconstruir uma relação que tinha esfriado com o processo de digitalização e informatização posto em prática.

Comentário

Em realidade o que atesta a reportagem da Gazeta Mercantil é a saudável transferência da fria tecnologia para o foco do valor dos sentimentos da clientela, no atual ambiente de intensa concorrência, de consumidores mais exigentes e necessidade maior de as empresas se estruturarem para atender adequadamente aquilo que desejam os consumidores. A reportagem de Marta Barcelos constata ainda que é insuficiente o número de pesquisas realizadas, de modo geral, sobre o nível de insatisfação da clientela.

É fato conhecido pelas pesquisas atuais que 80% das empresas não têm um executivo do primeiro escalão tratando de estratégias de interação com os clientes, o que demonstra a pouca importância dada aos sistemas CRM. Além disso constata-se que das poucas empresas que instalam o caro sistema em seus ativos, a maioria não chega a mudar a sua filosofia de trabalho, a sua cultura no sentido de melhorar o seu relacionamento com a clientela. Adicionalmente, analistas setoriais têm apontado o fato de que nos Estados Unidos as medições de performances a respeito dos sistemas CRM não têm sido favoráveis, o que tem motivado mudança de rumo, com diminuição de interesse pelo CRM e expansão da procura por instrumentos e métodos vinculados à ciência comportamental, aproximando mais as empresas com os clientes, fora do ambiente digital e com uso de relacionamentos mais íntimos através de entrevistas, visitas e contatos mais "humanos".

Outra reportagem de Andréa Giardino na revista Forbes Brasil, de 15 de agosto de 2001, apresenta um extenso estudo sobre o CRM nas empresas do país. Primeiramente demonstra como os executivos das maiores empresas estão definindo essa tecnologia com prevalência no conceito de filosofia empresarial, sendo seguida por metodologia de administração do relacionamento com o cliente, atendimento ao cliente e software. A motivação maior das empresas é a aquisição de clientes seguida por obtenção de vantagem competitiva, retenção de clientes, satisfação de cliente e vendas. A reportagem enfatiza a necessidade da existência de uma transformação cultural como desafio maior a ser enfrentado pelas empresas que adotam o CRM, de modo que seja possível uma verdadeira interligação entre todas as áreas da empresa e uma aproximação íntima da empresa com seus clientes, cujos pedidos serão conhecidos por todos os setores da organização, interferindo em suas análises e ações. É um assunto em aberto, sujeito a monitoramento permanente para uma conclusão mais positiva sobre a eficiência dos CRMs.

Como os maciços investimentos em tecnologia, a exemplo dos sistemas CRMs, não vêm apresentando os retornos esperados, em fidelização da clientela e incrementos compatíveis para os lucros, agora se fazem necessárias mudanças estratégicas que privilegiem os padrões e as análises comportamentais para uma eficaz aproximação ao conhecimento dinâmico da clientela, de seus gostos atuais e futuros. Nesse particular as empresas também estão percebendo a alta importância do contato humano nas vendas de bens e na prestação de serviço. O calor humano certamente é mais eficiente do que a frieza digital para os rumos estratégicos da fidelização dos clientes e da melhoria das vendas.

PRODUTOS PRIMÁRIOS OU DE ALTA TECNOLOGIA

Tema

Os países menos desenvolvidos em geral se caracterizam por apresentar em sua estrutura de produtos comercializados no mercado mundial grande participação de produtos primários com pouca agregação de valor, assim como de produtos semiprocessados. Nos últimos tempos tem-se observado grande instabilidade seguida de quedas dos preços desses produtos, voltando a preocupação cíclica sobre essa especialização desses países, como vem acontecendo na América Latina e em outras partes do mundo. As políticas de incentivo a exportações como solução básica para o desenvolvimento e criação de emprego parecem esbarrar nessa dificuldade ou dilema: apoiar a produção e comercialização de produtos primários ou de produtos tecnologicamente mais avançados?

Comentário

Inicialmente vale a observação de que realizar a produção de bens primários ou de baixo valor agregado não é em si uma desvantagem. As aberturas econômicas que ocorreram ao longo da década de 90 facilitaram as diversificações das exportações em todas as partes do mundo, empurrando os níveis de desenvolvimento para cima. Além disso é importante lembrar que o sucesso do crescimento de muitos países, como Austrália, Canadá, Suécia, e mesmo dos EUA e países da América Latina, tem-se apoiado nas exportações de produtos de origem no setor primário. A globalização vem modificando muitos conceitos tradicionalmente utilizados nos debates sobre vantagem comparativa. A redução dos custos de transporte, a separação da produção de bens em todas as áreas do mundo através de sistemas empresariais de montagem com origens das partes componentes em diversos países, os blocos econômicos facilitando as integrações das diversas etapas de fabricação, têm tornado os setores primários partes integrantes das grandes cadeias de valor internacionalmente dispostas.

Cada vez mais é percebido que o dilema "recursos naturais ou recursos de alta tecnologia" não faz sentido. Os desenvolvimentos verificados nos conhecimentos técnicos, no capital humano, na infra-estrutura, na tecnologia da informação e na Internet fazem a integração das etapas de produção prevalecer em lugar de opções alternativas ou escolhas excludentes.

O desenvolvimento da tecnologia produtiva e da informação desbrava novos caminhos e projetos para maior agregação de valor nos produtos do setor primário. O exemplo do México é excelente para ilustrar como o país vem se beneficiando do NAFTA aproveitando sua proximidade da maior e mais avançada economia do mundo.

O Chile alavancou imensamente nos últimos anos as suas exportações de frutas (para taxas de crescimento de 20% a.a. em 20 anos) em função de incentivos eficazes e investimentos em melhoria dos processos e tecnologias aplicadas ao setor.

É claro que o desenvolvimento e a produção de bens tecnologicamente mais avançados dão melhores resultados, pelos maiores valores agregados envolvidos. Mas sua exeqüibilidade depende de fortes fatores propulsores, onde se destaca o investimento em capital humano, a absorção e desenvolvimento de novas tecnologias, melhorando basicamente o setor educacional em todos os seus ramos e faixas, com prioridade no setor de educação básica para obter frutos a longo prazo.

A maior abertura à concorrência internacional, apesar de muita força em contrário dos saudosistas do protecionismo, é considerada a melhor forma de se obter êxito na melhoria dos padrões competitivos e na expansão das exportações. O aproveitamento dos recursos naturais e a abertura comercial devem ser incorporados à estratégia de desenvolvimento dos países menos desenvolvidos, de forma a se integrarem na economia do conhecimento e da alta tecnologia, o que permitirá geração de empregos de qualidade e maior bem-estar geral.

QUALIDADE E QUALIDADE TOTAL

Tema

O conceito de qualidade vem evoluindo bastante ao longo do tempo. Primeiramente sua conceituação se referia aos produtos que apresentassem condições de atendimento às especificações técnicas, mensuradas pelo controle estatístico das quantidades fabricadas sem defeito no total da produção. O nível de defeito zero ou quase nulo estabelecia a adjetivação de produto sem defeito, com qualidade. O controle da qualidade em termos estatísticos era o alvo das atividades.

Ainda dentro da área técnico-produtiva, a qualidade evoluiu para significar aquilo que é produzido de maneira impecável, funcional, de fácil utilização, com estilo, sofisticação, alto nível, respeitando as especificações, os orçamentos e prazos de entrega, perfeito e bonito.

O conceito de qualidade passou a ter nova configuração ao servir de base ao estabelecimento de melhorias do gerenciamento empresarial segundo padrões internacionalmente aceitos fixados pela ISO – *International Standard Organization*. Qualidade significava, assim, um conjunto de propriedades e características de um produto, processo ou serviço que fornecem a capacidade de satisfazer as necessidades explícitas e implícitas do mercado. Qualidade certificada teve assim novo sentido: ir ao encontro das exigências, atingindo o objetivo de desenvolver, desenhar e fabricar bens econômicos, úteis e satisfatórios para o mercado comprador. Qualidade transformou-se num conceito e prática geral de satisfazer o consumidor, com o menor custo possível e nível mínimo de perdas, na compra e na utilização de produtos e serviços, de forma melhor do que a dos concorrentes.

Antes um privilégio, depois uma premissa operacional, a qualidade transformou-se numa característica básica de qualquer empresa competitiva, com objetivo de expandir suas atividades e gerar mais valor para seu negócio. Em geral, qualidade fica associada cumulativamente a características ligadas a desempenho, confiabilidade, durabilidade, estética, atendimento, conformidade, custo, segurança, entrega e assistência técnica, garantias e outros itens mais.

Recentemente, na década de 90, o gerenciamento da qualidade total veio adicionar conceitos e valores ao conceito existente de qualidade certificada pelas ISOs, definindo novos paradigmas e ênfases para os sistemas de gestão empresarial. O TQM (*Total Quality Management*) em que se diferencia do sistema de qualidade tradicionalmente estruturado? É um sistema de gestão específico a algumas áreas ou envolve de toda a organização empresarial?

Comentário

O sistema de qualidade não assegura a Qualidade Total a ser atingida por todos os funcionários em todas as atividades da empresa.

A qualidade total relaciona-se a todas as atividades de sua cadeia produtiva, desde os fornecedores até o consumidor final de seu produto ou serviço. A produção e a venda de um produto relacionam-se com os fornecedores, os transportadores, os produtores, os vendedores, atingindo a clientela final que comanda o fluxo pela sua percepção de valor, consumindo produtos dentro de seu interesse, preço acessível e qualidade em sua acepção básica.

Para que funcione um sistema de qualidade total, todos os envolvidos no processo, na cadeia de agregação de valor do produto ou do serviço oferecido pela empresa, devem estar integrados em convergência com o atendimento à satisfação dos consumidores. Para esta finalidade é preciso a existência de várias condições: participação efetiva e adequada da governança corporativa, foco das atividades produtivas no consumidor, objetivos do gerenciamento da empresa segundo o TQM (*Total Quality Management*) obedecendo os objetivos estratégicos do negócio bem visíveis para todos, atenção permanente nas etapas mais críticas do processo de formação de valor na empresa, sistema de recompensa vinculado aos resultados do TQM e da empresa. Na qualidade total, todos os *stakeholders* (parceiros) devem fazer um trabalho conjunto integrado, dirigido à criação de valor para o negócio, em que o consumidor seja alvo constante, a ser atendido, fidelizado, ampliado, e cuja satisfação seja motivo permanente para a diferenciação e a oferta de condições de excelência.

O gerenciamento da qualidade total produz um clima de procedimentos para mudanças permanentes, para melhoria de resultados dos processos da empresa, usando intensamente o *benchmarking* de comparação em relação aos melhores processos conhecidos. Seu desenvolvimento se verifica através de módulos de inspeção em processo, treinamento, sistemas de entrega, documentação, reclamações, de auditoria, de ações corretivas.

A implantação de uma comunicação permanente entre o sistema de gestão da qualidade e o sistema de gestão empresarial é requisito básico para melhoria permanente das atividades operacionais da empresa.

Pela abrangência das áreas, a integração total necessária exige extensos treinamentos para os sistemas de qualidade total se encontrarem efetivamente implantados. Segundo pesquisa da Fundação Dom Cabral de Belo Horizonte (Gazeta Mercantil de 18/10/2001), em apenas 20% das grandes empresas brasileiras isso está efetivamente acontecendo.

MARKETING E PROPAGANDA

Tema

O conceito de marketing costuma ser confundido com o de propaganda por quem não é especialista nessa área. Muitas vezes, até subatividades do setor de propaganda, como promoção de vendas e anúncios na mídia, são também associadas ao conceito de marketing. Outras vezes marketing é confundido com a atividade de vendas. O mesmo se pode dizer com respeito ao *merchandising* substituindo o conceito de marketing.

Dentro dessa profusão de termos é interessante fixar-se alguns conceitos básicos sobre marketing e propaganda.

Comentário

Marketing é um conceito amplo que significa um conjunto de atividades que procuram se direcionar ao cliente no que tange ao atendimento, divulgação e comercialização dos produtos ou serviços da empresa. É considerado uma das quatro áreas básicas de qualquer negócio junto com as finanças, os recursos humanos e a produção, com as quais deve interagir intensamente. O objetivo do marketing, em seu foco fundamental, é conquistar e manter clientes, monitorando seus desejos e promovendo sua satisfação e lealdade permanentemente. diversas são as responsabilidades da área de marketing, como traçar o perfil do cliente, investigar novos nichos de mercado, criar e manter serviços personalizados aos clientes, interpretar as pesquisas de mercado, procurar novos produtos com vantagens relativas aos concorrentes. A área de marketing da empresa deve estar presente em inúmeras atividades, a saber: pesquisa de mercado, definições e desenvolvimento de produtos, estabelecimento e gerenciamento de marcas, definição das embalagens, preços e descontos, configuração dos canais de distribuição, estruturação da propaganda, venda direta, *merchandising*, promoções de venda, atendimento pós-venda, relações públicas e comunicação social da empresa.

A propaganda não deve ser confundida com marketing. Ela é apenas uma de suas atividades componentes. Através da propaganda supre-se a necessidade de tornar o produto, o serviço, a imagem, a marca da empresa conhecidos pelo público. Para uma campanha de propaganda muito esforço deve ser aplicado no desenvolvimento do produto, pesquisa de mercado, conhecimento do perfil do consumidor e seus hábitos, determinação da rede de distribuição do produto, e outras mais. A propaganda tem a finalidade básica de curto prazo de promover vendas. Ela é considerada uma parte da atividade de publicidade, cujo objetivo é divulgar os produtos, os serviços e a imagem da empresa e de sua administração, com visão de longo prazo para o desenvolvimento da empresa. A propaganda alavanca as necessidades existentes ou latentes, promovidas inicialmente por um esforço de publicidade. A propaganda deve veicular mensagens e imagens de bom gosto, verdadeiras, positivamente sociais, de respeito ao consumidor, informando à clientela as características do produto, os preços e condições em vigência, sugerindo novos usos para o produto, comunicando ofertas especiais e educando corretamente quanto ao uso do produto, etc.

A propaganda se materializa através dos veículos publicitários, os meios de comunicação como TV, rádio, jornais, revistas, *outdoors*, cartazes, placas, cinema, teatro, veículos de acordo com as características do público-alvo.

LINHA DE PRODUTOS E *MIX* DE PRODUTOS

Tema

Com relação ao marketing empresarial é comum a não distinção entre os conceitos de linha de produtos e *mix* de produtos. É importante inicialmente que se caracterize a categoria de um produto como sendo o conjunto de fatores que o distinguem dos outros: a finalidade, o *design*, a embalagem, o rótulo, o prestígio ou liderança da marca, o nível de qualidade e o nível de serviços prestados pelo fabricante. Bem determinado o que seja um produto, convencionou-se chamar de linha de produtos o grupamento de produtos que se relacionam estreitamente, mas apresentam configurações diferentes, para atender diversas necessidades dos consumidores. Os modelos populares, médios e de luxo de carros. Os modelos de aviões Boeing 730-200, 730-300, 730-500 e 730-800 constituem linhas de aviões comerciais para transporte de passageiros. A similaridade que apresentam as linhas de produtos está no fato de que elas se dirigem ao mesmo público, se utilizam dos mesmos canais de distribuição, têm funcionamento similar atendendo a necessidades semelhantes dos clientes, atuando em faixas de preços similares. E quanto ao *mix* de produtos, o que significa? Tem relação com linha de produtos? Qual a sua importância no plano de marketing?

Comentário

O *mix* de produtos se define como o conjunto de todos os itens e linhas de produtos de uma empresa. Portanto, o plano de marketing a ser desenvolvido para uma empresa necessariamente se apóia na estrutura e no desenvolvimento do seu *mix* de produtos. Os produtos classificam-se em grupos diferenciados: 1) tangíveis e intangíveis (seguro, atendimento médico, consultoria econômica, assessoria jurídica); 2) bens de consumo corrente, consumo durável, bens intermediários, bens de capital; 3) produtos de conveniência (preço baixo, proximidade do consumidor, disponibilidade permanente), produtos de encomenda, produtos de compra intermitente (alto valor, freqüência baixa na compra, atendimento a diversas expectativas, em geral sua compra é sempre fruto de comparações com outra marca, produtos de especialidade (de luxo, mais caros, compra resultante de pesquisa ampla). Na estruturação de um *mix* de produtos oferecido por certa empresa vários atributos são identificados: amplitude, extensão, profundidade e consistência. Amplitude é sinônimo de variedade de linhas de produtos. O crescimento da empresa é ligado a adições de novas linhas, mas relacionadas com as atuais e diminuindo o risco de mercado na concentração sobre apenas uma linha. Extensão do *mix* diz respeito ao número total de itens produzidos dentro de cada linha de produtos. A profundidade do *mix* traduz o número de versões diferentes de cada produto na linha. Um mesmo produto pode variar em termos de tamanho e com pequenas alterações de fórmulas. Finalmente, a consistência do *mix* de produtos significa o nível de relacionamento entre as diversas linhas de produtos em termos de público-alvo, faixa de preços e canais de distribuição. A Gessy Lever tem consistência ao estabelecer como alvo o mesmo consumidor para sua linha variada de produtos na área de bens de consumo corrente. A GE, mais diversificada em linhas diferenciadas, atinge vários segmentos de consumidores, não tem a mesma consistência.

PROPAGANDA E PROMOÇÃO DE VENDAS

Tema

Muitas vezes verifica-se confusão entre os conceitos de propaganda e promoção de vendas. Literalmente a propaganda é feita para promover vendas. Entretanto, nas técnicas do marketing há que se estabelecer distinção entre os conceitos. Como conhecida, a propaganda faz parte da publicidade em uma empresa.

Publicidade é o conjunto de meios utilizados para comunicação da empresa com a sociedade e seu mercado específico, visando horizontes de longo prazo. A propaganda, com olhos a curto prazo, transmite informações para reforço da imagem da empresa e de seus produtos e marcas, sendo fundamental para manutenção e crescimento do volume de vendas, atuando através dos meios de comunicação para veicular mensagens sobre os produtos e serviços para os seus segmentos de mercado.

E a promoção de vendas, especificamente, como se insere nestes conceitos e práticas?

É preciso fazer esta distinção reservando para promoção de venda as atividades de curtíssimo prazo, com intenção de acelerar as vendas.

Comentário

As promoções de venda são atividades que visam à aceleração das vendas da empresa, envolvendo ações junto a seus vendedores, aos varejistas e aos consumidores finais. É um conjunto de ferramentas voltadas para estímulo ao consumidor final. A propaganda estabelece as razões da compra enquanto a promoção de venda tenta "forçar" a compra imediata por seu caráter eminentemente provisório. Dessa forma, a promoção de venda complementa a propaganda ao estabelecer um estímulo mais forte do que aquele inicialmente oferecido pela propaganda. A imagem de uma marca é criada e mantida pela propaganda. Um processo muito repetitivo de promoções de venda em cima deste produto pode depreciar sua marca, pois o consumidor ficará condicionado a apenas comprá-lo quando em fase de promoção. A promoção de preços, contudo, é muito útil para induzir o consumidor a experimentar o produto, mas não é suficiente para fazê-lo um cliente efetivo. Para tal, os atributos do produto têm que ser de níveis superiores para atingir a vontade do consumidor. As promoções devem valer por curto intervalo de tempo, que não pode ser curtíssimo para não afastar grande número de interessados. Demorar demais é contraproducente, pela perda da vantagem da compra imediata. As promoções de venda podem ser realizadas através de concursos, cupons de desconto, brindes, sorteios, amostras-grátis, descontos nos preços com percentuais diretos ou do tipo "leve 4 pague 3".

RELAÇÕES PÚBLICAS E COMUNICAÇÃO SOCIAL

Tema

As atividades de relações públicas se inserem no ambiente do marketing de uma empresa, apesar de não visarem diretamente a promoção ou a venda de seus produtos. As relações públicas desenvolvem ações para criação e manutenção da imagem empresarial junto à sociedade em geral e aos consumidores de seus produtos em particular. Para esse beneficiamento em sua imagem é necessária uma vida social, um efetivo inter-relacionamento com os seus parceiros de forma a manter sempre em foco a visão das atividades da empresa.

Muitas vezes as relações públicas são confundidas com a comunicação social, função primordial para divulgação permanente da imagem e da responsabilidade social da empresa.

Comentário

As relações públicas devem fazer parte do departamento específico dentro da empresa, montado para exercer uma espécie de corpo-a-corpo com as atividades e os agentes ligados à divulgação e à propagação da imagem da empresa, desempenhando uma função mais ampla da Comunicação Social da empresa. Os profissionais de relações públicas têm obrigação de exercer os contatos e as tarefas de interagir com os órgãos de imprensa, para divulgação de notas e esclarecimentos, contínuos ou eventuais, sobre as atividades da empresa. Têm a seu cargo, também, promover os eventos que objetivam apresentar à sociedade a imagem e as ações empresariais. Além disso, as relações públicas contatam e interagem com a clientela e fornecedores, em eventos, feiras, simpósios, reuniões sociais, sempre no sentido de aproximar e tornar mais íntimos os elos entre a empresa e esses parceiros.

A Comunicação Social da empresa tem uma área de atuação mais ampla, envolvendo todas as atividades que visem o interesse social da atuação da organização. O marketing fez parte das atividades de comunicação social, assim como as funções de relações públicas. A Comunicação Social trata das informações a serem transmitidas e as ações destinadas à explicitação das atividades sociais da empresa, incluindo nesse conceito as relações com todos os parceiros interessados na atuação da empresa, inclusive aqueles de mais amplo atingimento situados na sociedade envolvente da empresa. Sem a Comunicação Social a imagem da empresa não tem a visão social característica das funções e da gestão desempenhadas pela organização. As assessorias de imprensa e de relações institucionais com o Governo também fazem parte do trabalho de Comunicação Social, o mesmo se podendo dizer da atuação dos sistemas de "marketing" cultural e social implantados nas empresas. Outra faceta da Comunicação Social pode ser visualizada no trabalho de elaboração e divulgação permanente do Balanço Social complementando os Demonstrativos Financeiros da empresa. A gestão da marca e da imagem de uma organização tem na Comunicação Social um de seus pilares principais. Vale observar que a Comunicação Social não se realiza somente para o público externo, também se dirigindo para o público interno, os recursos humanos da empresa, força viva que precisa conhecer os movimentos e os resultados da organização através de mecanismos formais e informacionais geridos pela Comunicação Social.

VELHA E NOVA ECONOMIA – CARACTERÍSTICAS DAS "VELHAS" E "NOVAS" EMPRESAS

Tema

Tem-se procurado diferenciar as novas condições econômicas, em nível mundial, após a generalizada abertura das nações e a globalização das atividades facilitadas pela rede dos computadores, caracterizando-as como parte de uma Nova Economia. A Velha Economia tratava das tradicionais relações industriais, seus orçamentos e projeções financeiras focalizavam estritamente as atividades dos negócios com ênfase nos mercados internos, apoiados em desenvolvimentos mais lentos no terreno tecnológico e nas formas de gestão empresarial.

Será que o rótulo de Nova Economia colocado nas economias atuais é verdadeiramente adequado? Muitos também se perguntam se acabou a Velha Economia, aquela das empresas reais sem atividades virtuais ligadas à Internet. Alguns analistas chegaram a associar o termo Nova Economia apenas às atividades de empresas do tipo virtual. O que há de real e efetivo nessa discussão?

Comentário

A Nova Economia nada mais é do que o ambiente econômico-empresarial em que se constata rápido desenvolvimento decorrente da aplicação de novas tecnologias da informação: produção de material de hardware e sistemas de software (programas) que utilizam o hardware, os serviços e as telecomunicações. Muitos caracterizam como uma revolução tecnológica, de modo similar ao da revolução industrial que impulsionou o progresso no século XIX, agora em ritmo muito mais acelerado, com transformações da economia industrial em direção a uma economia baseada em conhecimentos, onde o fornecimento de serviços é fundamentado nas idéias, no conhecimento e na informação armazenada em bancos de dados disseminados e conectados por meios eletrônicos e digitais.

Na Nova Economia, há destaque para alguns indicadores, onde cada vez mais adquire importância a economia do conhecimentos (nos EUA essa parcela já supera 50% do PIB). Nela, cada vez mais crescem os investimentos em Tecnologia da Informação (nos países desenvolvidos 6% a 8% do PIB) e se constatam aumentos dos volumes de inversões em capital humano em maior proporção aos investimentos em capital físico. A Nova Economia tem proporcionado inúmeros avanços no mercado de capitais, melhorando a carga tributária nas empresas, incentivando os investimentos em bens e serviços intangíveis e inovações, promovendo maiores níveis de competição e maior queda nos preços através de um consumidor mais informado e conhecedor de um maior número de opções de compra, permitindo negociações trabalhistas descentralizadas, gerando maior integração entre todos os parceiros integrantes de uma cadeia produtiva de agregação de valor, desde os fornecedores até os clientes finais e a empregabilidade se deslocando para os setores vinculados direta ou indiretamente às tecnologias de ponta.

A Velha Economia, representada pelas empresas produtoras de bens e serviços tradicionais, está se beneficiando da Nova Economia. Após o estouro da bolha das empresas ponto.com, mais se percebe que as empresas "velhas" são aquelas com fundamentos físicos que estão aperfeiçoando muito as suas performances, se ajustando e tirando partido dos instrumentos modernos da tecnologia de informação e dos novos métodos gerenciais. A Nova Economia passou a abranger as empresas com atividades ligadas à Internet para desenvolver e alavancar os inter-relacionamentos com a clientela e com os fornecedores, além dos controles das atividades internas de produção e administração dos negócios.

VELHO E NOVO CONSUMIDOR

Tema

É comum a referência de que a Nova Economia criou um novo tipo de consumidor, distinguindo-o da figura do velho consumidor, acostumado a ser atendido pelo tradicional vendedor, que lhe informava sobre as novidades de vez em quando, no ritmo das praxes comerciais do passado. O evento de uma venda tinha o seu poder do lado da empresa e não dos consumidores. Mas fica a dúvida: será que o consumidor não é o mesmo, pois o ato de venda ainda tem a mesma configuração de outrora, com propaganda, desconto, promoções, faturamento, como há muitos anos ou décadas? Sam Walton, fundador da Wal Mart, cunhou uma frase precisa que parece indicar a perenidade da figura do consumidor como o rei do processo empresarial: "Só existe um chefe – o cliente e ele é capaz de demitir qualquer um na empresa, do presidente ao mais simples funcionário, gastando seu dinheiro em outro lugar qualquer".

Comentário

Sobre a frase de Sam Walton nenhuma dúvida. Sabe-se hoje muito bem que o cliente é rei. O que está acontecendo é que com a globalização e o acirramento da concorrência, o mundo está transferindo o poder das mãos das empresas para o consumidor. Esse é o novo consumidor, muito mais informado via Internet, com conhecimento geral da concorrência, dos preços dos produtos e dos serviços que complementam os produtos, além da qualidade do atendimento e do pós-venda. O novo consumidor é agora atingido pelo novo papel do marketing das empresas, que procura manter o contato entre ele e a marca do produto, entender esse relacionamento e oferecer produtos e serviços que o satisfaçam plenamente. A marca é concebida como a concretização da promessa consistente de um produto ao consumidor, que ofereça resultados de curto prazo e dessa forma se constitua como um ativo de longo prazo.

O novo consumidor apresenta novas características decorrentes das mutações permanentes que estão sofrendo suas condições intrínsecas e envoltórias, no tocante a personalidade, estilo de vida, hábitos de compra, nível de renda, grau de instrução, nível de conscientização, mídias a que está exposto, percepção da empresa e seus concorrentes.

    O novo consumidor além de mais consciente e informado, conta com infra-estrutura jurídica mais forte, que lhe garante direitos, como o Código de Defesa do Consumidor, o que obriga as empresas a atuarem de forma mais cidadã, aperfeiçoando seus sistemas e processo para atender essa nova configuração de clientela, nos seus desejos e necessidades de consumo.

COMUNICAÇÃO SOCIAL – INSTRUMENTO OPERACIONAL E ESTRATÉGICO

Tema

A importância da Comunicação Social na empresa cresce dia a dia. A Associação Brasileira de Comunicação Empresarial não tem poupado esforços para fortalecer, desenvolver, ordenar e consolidar os conceitos de Comunicação Social no Brasil.

A Comunicação Social se constitui no instrumento imprescindível para a interação de todas as instituições com os seus públicos específicos: o consumidor cidadão, o contribuinte, o eleitor e o conjunto da sociedade.

Muito se discute se esse processo de informação que as empresas realizam se traduz em desempenho de uma função operacional ou de uma ferramenta estratégica.

Comentário

Como importante parte das funções de uma empresa ou instituição organizada a Comunicação Social desempenha as duas funções: operacional, quando executa, monitora, controla as atividades correntes de produção, emissão, envio das mensagens que devem atingir os diversos públicos escolhidos; ao mesmo tempo deve ser um instrumento estratégico ao integrar-se aos estudos e mecanismos de planejamento e execução das estratégias selecionadas, de forma a explicitar e divulgar as ações e os projetos desenvolvidos pela empresa e suas repercussões sociais envolvidas, os benefícios para a sociedade decorrentes dos movimentos programados.

No novo contexto mundial da globalização, abertura econômica e intensificação da competição, cada vez mais se torna importante esse lado estratégico da Comunicação Social. Ser ágil nas ações tornou-se condição essencial para sobrevivência na ebulição do mundo contemporâneo e isso inclui a capacidade de comunicar com eficiência. Para essa finalidade estão a postos os grandes jornais, os livros, as revistas, os satélites, a TV a cabo, a multimídia, as redes nacionais de rádio e televisão, a Internet e os ciberespaço.

O mundo não conhece bem o Brasil, talvez por nossa deficiência em realizar uma Comunicação Social estratégica. As mudanças que têm ocorrido no Brasil não são suficientemente divulgadas. Prevalecem, de modo geral, imagens de fome, miséria, criminalidade, exploração de menores, de recursos naturais predatoriamente, alta mortalidade infantil, ligadas à imagem do País. O mundo parece não conhecer devidamente a moeda estável brasileira, a maior eficiência com que vem operando progressivamente o estado, as reformas realizadas, se bem que ainda parciais, em direção à modernização do estado e da sociedade brasileira, as melhorias progressivas dos níveis sociais da população brasileira. O aperfeiçoamento da Comunicação Social da imagem da nação brasileira é uma necessidade para exposição da condição de potência emergente.

Na área empresarial, a Comunicação Social faz parte das condições de cidadania que devem orientar suas ações. Se a empresa tem que desenvolver-se, aumentar seus ativos, oferecer maior volume de emprego, ela precisa comunicar-se permanentemente com seus públicos-alvo, colocando seu sistema de Comunicação Social em sintonia e interação com as linhas estruturais de sua estratégia de desenvolvimento.

QUEM GERA VALOR: O CLIENTE, O CAPITAL OU O TRABALHO?

Tema

É grande o número de ensaios, debates, conferências sobre gestão empresarial e criação de valor. Muitos enfoques são trazidos à luz nas discussões sobre as formas diferenciadas de como os diversos agentes contribuem para a agregação de valor ao longo da cadeia produtiva. É comum observar-se que certas análises se concentram no lado da clientela para apontar a responsabilidade sobre a criação de valor de um negócio. Outras avaliações se centram na utilização do capital investido em equipamentos e sistemas de gestão para justificar a criação de valor, enquanto existem defensores do capital intelectual abrangendo todos os recursos humanos responsáveis pela criatividade e inovação dos produtos, sua produção e lançamento no mercado como os fatores responsáveis pelo valor do empreendimento. Quem é o responsável efetivo? Há alguma cadeia de responsabilidade solidária nesse processo?

Comentário

Primeiramente, a percepção do valor de um bem ou serviço é feita pelo consumidor, que tem uma necessidade e assim julga adequada a qualidade, a quantidade, a consistência e o preço pelo qual é oferecido o produto ou serviço.

Numa segunda etapa, a empresa deve gerenciar os diversos fatores produtivos de que dispõe para entregar ao consumidor o produto ou o serviço nas condições desejadas. Para esse objetivo deve criar um valor adicionado, diferença entre o que a empresa fatura pela venda do produto e o valor pago na compra dos insumos, matérias-primas e serviços comprados de fornecedores.

Cumpridos os dois estágios citados, numa terceira etapa a empresa terá um valor econômico caso mantenha uma progressão de atividades geradoras de receitas, resultados e caixa, preferencialmente crescentes, de acordo com as projeções dos atuais projetos de investimentos, nas condições estimadas, possíveis pelas atuais circunstâncias vigentes. O mercado de capitais, percebendo essa projeção de valores nos fluxos futuros de caixa, desconta-os para valores atuais e os investidores formalizam pelo valor de mercado os seus interesses em participar no negócio. Na empresa, a integração de fornecedores de insumos, matérias-primas e materiais secundários e prestadores de serviços industriais permite que as compras sejam adequadas aos produtos que serão fabricados e vendidos. A empresa deve investir em máquinas, equipamentos e instalações para o processamento e a fabricação dos bens finais. Um sistema de gestão apropriado deve reunir esforços para colocar a força de trabalho nos devidos postos e operacionalizar as diversas etapas de produção, além de pesquisar o desenvolvimento permanente dos produtos e serviços oferecidos de acordo com as mutações da clientela e do mercado. Na empresa, há a geração progressiva de valor, pelas adições nas diversas etapas de processamento, seus acionistas ou cotistas.

    Resumindo, há um processo integrado para geração de valor, pelo qual todos os parceiros interessados são responsáveis. Não tem sentido alocar o feito apenas a um agente da cadeia de valor, por mais importante que seja ele.

TERCEIRIZAR OU PRODUZIR INTERNAMENTE?

Tema

Na Nova Economia surgiu com intensidade o processo de terceirizar etapas, serviços, produção de itens que vinham sendo executados internamente, passando sua elaboração a terceiros contratados que podem fornecer tais itens a custo mais em conta, favorecendo a economia da empresa, que pode se concentrar na execução de tarefas-chave. É sempre mais econômica a terceirização? Quando ela é conveniente e adequada para a gestão de uma organização? Será necessária a quarterização dessas atividades?

Comentário

É certo que a fabricação de um insumo, serviço ou produto dentro dos muros de uma empresa, em condições ótimas de controle, permite que a organização atue com segurança no cumprimento de seus objetivos. Acontece que para certas atividades não prioritárias, a terceirização tem o objetivo de transferir para terceiros a sua realização, por não pertencerem ao negócio central (*core business*) da empresa. Ao terceirizar tais atividades, a empresa pode se concentrar e aplicar sua capacidade, com competência, naquilo que a faz diferenciada na concorrência, acelerando a obtenção de ganhos de produtividade tão necessários. A terceirização deve traduzir um *trade off* positivo, com reduções de custos fixos, as transformações de custos e despesas de mão-de-obra e outros insumos fixos em custos variáveis. A diminuição de custos e despesas fixas deve ser superior aos incrementos de custos variáveis decorrentes da terceirização, de modo a haver ganho líquido com o processo. A redução de custos e despesas fixas, numa terceirização, se evidencia na diminuição de gastos com gestão de pessoal e com indenizações trabalhistas nos casos de empregados da folha de pagamento.

A crescente demanda por serviços de qualidade terceirizados incentiva a formação de empresas desse tipo para oferecimento de serviços comuns a muitas empresas e que não se constituem em atividades centrais.

O processo beneficia a todos pela qualidade e pelos preços menores cobrados em razão da maior escala que pode ser atingida em decorrência da especialização dos terceirizados.

Em geral, os serviços a serem terceirizados se encontram na logística, na produção, finanças, administração, marketing, comunicação social e outros afins. Na logística e na produção situam-se os transportes internos e externos, despachantes, manutenção de veículos e máquinas, laboratórios de testes; na administração são comuns os casos de serviço de guarda, segurança, limpeza e informática. Na área financeira, os bancos oferecem gestão de folha de pagamentos, de impostos e mesmo do fluxo de caixa empresarial.

No caso de o contingente de terceirizados atingir um expressivo número, exigindo maior atenção e controle, pode ser contratado um terceirizado especial ou quarterizado, para cumprir a tarefa de centralizar e gerir todos os contratos de terceirizados da empresa.

INOVAÇÃO

CRIATIVIDADE OU INOVAÇÃO

Tema

Na gestão de negócios é imprescindível cada vez mais o conhecimento da distinção entre os conceitos de criatividade e de inovação. De modo geral, não existe uma percepção objetiva a respeito dos dois conceitos; muitas vezes são empregados indistintamente. Para a compreensão dos fundamentos e das práticas de boa gestão, torna-se necessário que sejam bem caracterizados os elementos componentes das definições dos dois termos em foco, pois o diferencial competitivo das empresas se fundamenta na integração desses dois conceitos e na estruturação de adequado gerenciamento das inovações para a alavancagem do valor dos negócios.

Comentário

Criatividade é a capacidade que tem uma pessoa ou um conjunto de pessoas de gerar idéias, identificar novidades, sugerir novas formas e métodos e produtos a serem desenvolvidos. Em geral, é um dom pessoal ou coletivo, de natureza própria, oriundo da genética ou de longo processo de observações realizadas ou de experiência adquirida com o trabalho e tempo de trabalho. A criatividade é condição necessária para inovação, conceito totalmente diferente do primeiro. As pessoas podem ser simplesmente criativas, sugerindo novos procedimentos sem maiores conseqüências práticas. A idéia pode parecer boa mas desaparece no ar se for inconseqüente, distante da realidade ou inexeqüível. Entretanto uma idéia, uma sugestão, pode prosperar no sentido de interessar outros elementos para pesquisas, estudos, desenvolver caminhos, possibilidades que a tornem um bem, um serviço, um produto "comercializável", que possa então ser absorvido pelo mercado, tendo condições de utilidade e custo compatível com o bolso dos consumidores.

Nesse caso a idéia se transforma em inovação, pela aplicabilidade e vendabilidade. O processo de transformação de uma idéia em inovação é de longa duração. Envolve uma primeira fase de triagem, análise inicial, estudos de desenvolvimento, eventual elaboração de um protótipo, realização de experimentos, estruturação de avaliação de viabilidade (técnica, mercadológica, econômico-financeira) e finalmente sua aceitação e produção/venda para o consumo. A relação entre o número de idéias que são geradas e o de produtos comercializáveis em que se transformam é muito alta. Poucas idéias são traduzidas em inovações. É o que acontece na prática, por mais que sejam gastos recursos em pesquisa e desenvolvimento. Há que se aceitar essa fatalidade, mesmo nas economias mais desenvolvidas.

Agora, para a empresa se desenvolver, expandir suas atividades, criar novos produtos, implantar novos projetos, adicionar mais valor aos negócios é necessário que sejam introduzidas inovações (novos produtos ou desenvolvimento de antigos produtos). Sem uma adequada compreensão dessa questão, sem uma gestão de inovações eficiente, movida e estruturada pelo ativos do conhecimento bem preparados, motivados e coordenados, a empresa terá cada vez menos capacidade competitiva nos tempos da nova economia, da Internet, da competição cada vez mais acirrada. São os ativos do conhecimento que, no fundo, proporcionam as inovações, para o almejado aumento de valor de suas empresas.

ORGANIZAÇÃO CRIATIVA E ORGANIZAÇÃO INOVADORA – GESTÃO DA INOVAÇÃO

Tema

A inovação pode ser definida como uma operação que tem o objetivo de instalar e utilizar uma determinada mudança. E mudança inovadora é a ruptura de um hábito ou a obrigação de pensar de forma nova coisas arraigadas ou mesmo familiares. A inovação não deve ser confundida com criatividade. A inovação é uma idéia nova que estudada, desenvolvida, implantada, se tornou uma realidade, absorvida pelo mercado em condições econômicas. As empresas para concorrerem e terem vantagens competitivas precisam ser além de organizações criativas, organizações inovadoras. A organização criativa vê os seus recursos humanos como força geradora da criatividade, incentivando estas pessoas para o desenvolvimento de seus talentos.

As organizações criativas encorajam quem tem idéias, facilitam a comunicação entre elas, são descentralizadas e diversificadas, promovem contatos com fontes externas das empresas, empregam tipos heterogêneos de funcionários, usam processo objetivo de pesquisas dos fatos, dispõem-se a apresentar idéias novas, sem levar em conta a origem das mesmas.

Como seriam definidas organizações inovadoras? E o seu direcionamento, como fica em termos de gestão de inovações?

Comentário

O imperativo da competição atual é promover inovações, em qualquer que seja o tipo de negócio. É a inovação que gera mais valor para a empresa. A organização criativa tem que se tornar uma organização inovadora, necessitando, para tal fim, de um sistema de gestão de inovações adequadamente estruturado.

Inovar não é uma tarefa simples. Inovação se origina do choque de diferentes idéias, percepções, métodos diferenciados de processamento de informações, ângulos diversificados dos agentes econômicos sobre a utilização dos produtos idealizados. O aparecimento de uma inovação é fruto de um processo de disputas e conflitos entre personalidades fortes do ramo da criação de idéias, o qual deve ser administrado construtivamente.

Em sentido contrário, havendo disputas direcionadas para o lado pessoal, dos egos e vaidades envolvidas nas idéias e pesquisas, o processo criativo e os aprofundamentos rumo às inovações serão prejudicados e levados à falência. Os administradores de processos criativos e de inovação sabem que pessoas são diferentes ou intuitivas, conceituais ou experimentais, sociais ou independentes, lógicas ou dirigidas por outros valores. Para a gestão adequada das inovações será preciso impor uma sistemática ou um projeto em que as pessoas respeitem a diversidade de estilos de pensamento. Os gestores das inovações devem lançar padrões e regras para que o trabalho em conjunto de equipes seja disciplinado no tocante à criação das idéias e das inovações. E para encorajar a inovação devem os gestores examinar o que está sendo feito para promover ou inibir o processo inverso de destruição criativa.

BALANÇO SOCIAL E RESPONSABILIDADE SOCIAL

BALANÇO SOCIAL OU BALANÇO FINANCEIRO

Tema

Os Relatórios de Administração que periodicamente o Conselho de Administração e a Diretoria Executiva apresentam aos seus acionistas, para aprovação dos Demonstrativos Financeiros, referentes aos desempenhos de cada exercício social, muitas vezes se restringem essencialmente a esses demonstrativos. São eles o Balanço Patrimonial, o Demonstrativo de Resultado do Exercício, o Demonstrativo de Lucros (Prejuízos) Acumulados ou o Demonstrativo de Mutações do Patrimônio Líquido, o Demonstrativo de Origem e Aplicação de Recursos (D.O.A.R.) e as Notas Explicativas. Algumas vezes, o Relatório de Gestão inclui mais informações sobre as atividades da empresa no exercício respectivo, com indicação de planos de expansão, avaliação de performances econômico-financeiras nos últimos exercícios e listagem de atividades e eventos mais significativos que ocorreram. Tais demonstrativos financeiros são obrigatórios, para a Sociedade Anônima, porém as informações adicionais, incluindo projeções sobre o futuro da empresa, são opcionais. Quanto maior o grau de cidadania empresarial, maior abertura de informações será produzida nos Relatórios de Administração. Nesse particular situam-se as informações de âmbito social relativas às atividades da empresa no campo macroeconômico-social. Quanto maior a percepção da Administração Superior sobre a responsabilidade social de sua organização, maior volume de *disclosure* de informações sociais será produzido.

Comentário

O Balanço Social da empresa se insere neste ambiente de abertura de informações sobre as contribuições sociais decorrentes do funcionamento da empresa, complementando as informações financeiras. Algumas empresas já estão editando regularmente o seu Balanço Social, um relatório adicional ao de gestão, para desenvolver e detalhar a concepção social, as atividades e os resultados da ação social empreendida em todas as áreas da organização, além dos números e cifras ligadas às contribuições macroeconômicas da empresa. Essa formalização já possui padrões e roteiros de referência na Comissão de Valores Mobiliários (CVM). O Balanço Social reúne e analisa as informações da Macroeconomia do funcionamento da empresa e suas atividades microeconômicas voltadas para programas e projetos de cunho social e tratados nas estruturas de sua comunicação social e de seu marketing social.

Na área macroeconômica do Balanço Social devem ser tratados e analisados os temas sobre geração, perfil e gastos com o emprego, as questões de treinamento e aprendizado permanente na organização, os investimentos realizados, o valor agregado gerado e sua distribuição aos fatores produtivos, a relação renda/investimento realizado, as contribuições para o Fisco e seu retorno para a empresa e os macromovimentos financeiros relacionados com os principais parceiros da empresa.

Na lista de projetos e programas sociais empresariais, além das atividades ligadas a ações de voluntariado dos funcionários, de ações filantrópicas e de atividades de relacionamento social, devem ser destacados os procedimentos e os resultados empreendidos na proteção ambiental, na melhoria da segurança e bem-estar do trabalhador e das comunidades interligadas com as atividades da empresa.

Certamente o grau de cidadania de uma empresa é alavancado com a publicação do Balanço Social de forma sistemática, o que vem sendo considerado até um fator diferencial em direção à vantagem competitiva da empresa.

RESPONSABILIDADES ECONÔMICA E SOCIAL NAS EMPRESAS

Tema

As empresas devem ter estratégias para oferecer um produto ou serviço que atenda as expectativas e as necessidades dos consumidores. Para isso devem investir e montar estruturas produtivas com fluxos e processos tecnologicamente modernos e viáveis, contando com um serviço logístico que proveja os insumos dos fornecedores, transforme e transporte os produtos e os distribua aos clientes finais. A responsabilidade econômica desse sistema empresarial é gerar resultados positivos, lucros e *Cash-Flows* de forma crescente, gerenciando integradamente todos os parceiros (*stakeholders*) interessados no negócio. Seria essa responsabilidade também de cunho social?

Nesse contexto, Milton Friedman, Prêmio Nobel de Economia em meados da década de 70, e monetarista-chefe da Universidade de Chicago, ao ser perguntado qual seria a função social de uma empresa respondeu: "É gerar lucro. Uma vez cumprido esse objetivo os demais alvos, os demais parceiros seriam atendidos convenientemente." Talvez se tivesse que responder hoje, muitos anos após, a essa mesma pergunta, Milton Friedman colocaria como resposta que a função social de uma empresa é a criação de valor, expandindo o conceito de lucro para a atual configuração de geração de valor, mais amplo e traduzindo melhor o esforço conjunto dos fatores produtivos, socialmente empregados para o atingimento do objetivo de valorização do negócio.

Comentário

Nas novas condições econômicas do mercado globalizado e intensa concorrência, um novo conceito de administração de empresa conjuga e se apóia no uso dos indicadores dos balanços e demonstrativos financeiros tradicionais com um conjunto de valores éticos e práticas que caracterizam a empresa como socialmente responsável. Nesse "gerenciamento responsável", as empresas respeitam os direitos, a segurança e a qualidade de vida de seus funcionários, indo além dos limites de práticas filantrópicas, prestando contas permanentemente aos chamados *stakeholders*, diferentes públicos que se relacionam com a empresa: funcionários, consumidores, fornecedores, banqueiros, governo e a comunidade. Muitos quesitos são exigidos para que uma empresa atue efetivamente de forma socialmente responsável. Um dos principais itens dessa lista é o que os executivos do topo determinam para os valores e a missão da empresa, bases que devem ser comunicadas claramente aos funcionários, juntamente com a indicação da direção que deve ser seguida por todos os envolvidos nos negócios.

Vale notar que ganha força em escala crescente a importância das empresas socialmente responsáveis. Profissionais mais qualificados e talentosos preferem trabalhar nesse tipo de companhias, que respeitam os direitos, a segurança e a qualidade de vida de seus funcionários. Além disso, a maioria dos consumidores está mostrando preferências mais nítidas por marcas e produtos vinculados a empresas que explicitem sua condição de ter um alto nível de responsabilidade social.

Podem ser destacadas várias condições e mandamentos para que a empresa seja socialmente responsável: deve ser ecológica, usando insumos reciclados em seus produtos; deve incentivar o voluntariado, permitindo que seus funcionários reservem parte do horário de serviço para trabalhos voluntários; deve ser flexível, deixando que seus funcionários ajustem seus horários às necessidades pessoais; deve ser íntegra, não permitindo propaganda enganosa, vendas casadas e outras práticas desonestas de marketing; deve ser interessada em seus funcionários, realizando pesquisas para conhecer seus problemas e tentar ajudá-los; deve ser saudável, fornecendo incentivos para que seus funcionários estejam resguardados com seguro-saúde e aposentadoria complementar; deve ser uma empresa voltada para o aprendizado permanente com o objetivo de valorizar seus ativos de conhecimento. De modo geral, as empresas socialmente responsáveis se apresentam também como aquelas que geram mais valor e rentabilidade para os seus acionistas.

APRENDA COM OS *Maiores Especialistas* DO MERCADO

Dilemas na Gestão Macroeconômica

Autor: José Antonio Rodrigues

Formato: 18 x 25 cm

Págs.: 136

Esta obra é fruto de um trabalho contínuo de pesquisas e estudos apoiados nas linhas de expectativas dos executivos a respeito do ambiente e de informações macroeconômicas que envolvem as economias mundial e brasileira.

O objetivo do autor é dar uma contribuição aos gestores de empresas e estudiosos de economia, ao apresentar um conjunto de questões macroeconômicas-chave que devem ser do conhecimento geral para orientação de seus estudos e avaliações estratégicas de suas empresas.

Praticando e Aplicando Matemática Financeira

Autor: Milton Juer

Formato: 18 x 25 cm

Págs.: 432

Este livro procura unir, por meio de uma exposição clara, didática e objetiva, conhecimentos acadêmicos e profissionais. O autor aborda não só os conceitos teóricos da análise e do raciocínio analítico, como também propõe casos e exercícios das situações mais simples, como o desconto de um cheque, até complexas operações de compra e venda de títulos ou sofisticadas formas de financiamento.

É uma obra básica e indispensável para estudantes e profissionais das mais diversas áreas não só os envolvidos diretamente na área de negócios, como também aqueles que desejam aprender a tomar decisões certas quando o assunto for finanças.

APRENDA COM OS *Maiores Especialistas* DO MERCADO

Mercado Financeiro (15ª edição)

Autor: Eduardo Fortuna

Formato: 18 x 25 cm

Págs.: 656

O livro foi atualizado de acordo com as últimas normas legais, e inclui todas as novidades relacionadas aos fundos de investimentos.

Procurando adequar a obra ao novo cenário da economia globalizada, o autor inclui também um anexo, onde explica, de forma resumida, a origem e o funcionamento das principais instituições multilaterais de crédito, como o FMI e o Banco Mundial, que repassam recursos ao países.

Administração de Finanças Empresariais

Autor: José Roberto Machado

Formato: 18 x 25 cm

Págs.: 240

Este livro pode ser considerado um manual de finanças empresariais. José Roberto Machado se vale de sua experiência como profissional de finanças e professor universitário para escrever uma obra que enfoca os principais temas da administração financeira, desde a utilização das máquinas de calcular profissionais até os processos decisórios do gestor financeiro.

Escrito em linguagem simples e clara, sem os jargões técnicos, o livro é um instrumento prático de suporte às decisões financeiras das empresas.

APRENDA COM OS *Maiores Especialistas* DO MERCADO

Project Finance

Autor: John D. Finnerty

Formato: 18 x 25 cm

Págs.: 376

Muito utilizado, a partir da década de 90, para atender às necessidades de infra-estrutura de países em desenvolvimento, esta técnica de financiamento é um recurso eficaz e de baixo risco para a promoção do desenvolvimento de países como o Brasil, que possuem reservas naturais valiosas, mas não dispõem de recursos financeiros para explorá-las.

Esta é a primeira publicação a tratar de forma abrangente o *project finance*. Nela, o autor se vale de sua experiência como banqueiro e professor de finanças para explicar detalhadamente as características, vantagens e desvantagens deste instrumento financeiro, através de muitos exemplos e estudos de casos reais.

Dilemas na Gestão Financeira Empresarial

Autor: José Antonio Rodrigues

Formato: 18 x 25 cm

Págs.: 144

Onde quer que um estudioso ou um executivo se situe na área financeira empresarial ele se depara com dilemas. Várias apreciações e sugestões diferenciadas são emergentes em estudos e debates sobre a área financeira. Assim, esta obra resulta de um trabalho meticuloso de coleção de temas, onde se destacam tais dilemas na gestão financeira empresarial.

Cada assunto abordado no livro é apresentado com os ângulos diferenciados de avaliação, e, em seguida, o autor faz uma exposição sobre os pós e contras de cada ótica de análise.

Entre em sintonia com o mundo

QualityPhone:
0800-263311
Ligação gratuita

Qualitymark Editora
Rua Teixeira Júnior, 441 - São Cristóvão
20921-400 - Rio de Janeiro - RJ
Tel.: (0xx21) 3860-8422
Fax: (0xx21) 3860-8424

www.qualitymark.com.br
e-mail: quality@qualitymark.com.br

Dados Técnicos:

• **Formato:**	18x25
• **Mancha:**	14x21
• **Fonte Títulos:**	Bookman Old Style Bold
• **Fonte Texto:**	Bookman Old Style
• **Corpo:**	11
• **Entrelinha:**	13
• **Total de Páginas:**	112